Arno Schikowsky

Die Online-Shop REVOLUTION

Impressum

Dieser Ratgeber wurde für Sie zusammengestellt von:
Arno Schikowsky, a.schikowsky@gbrverlag.com
Hochstrasser Weg 2a, 83064 Raubling
Autor: Arno Schikowsky, a.schikowsky@gbrverlag.com

Haftungsausschluss:
Die hier dargestellten Inhalte dienen ausschließlich der Information. Es werden weder Empfehlungen noch Bewerbungen der beschriebenen oder erwähnten Methoden dargestellt. Vorgehensweisen oder Ratschläge sind ausschließlich aus eigenen Erfahrungen entstanden. Der Inhalt erhebt weder einen Anspruch auf Vollständigkeit noch kann die Aktualität, Richtigkeit und Ausgewogenheit der dargebotenen Information garantiert werden. Der Autor übernimmt keine Haftung für Unannehmlichkeiten oder Schäden, die sich aus der Durchführung und der hier dargestellten Informationen ergeben.

Gesamtherstellung:
BookDesigns & Zeuner Publishing
1. Auflage 2024, Printed in Germany
Fotos/Bildmaterial: © bei Arno Schikowsky & Adobe Stock & Depositphotos
Herausgeber und Vertrieb: Arno Schikowsky, Schikowsky GbR Verlag,
Hochstraßer Weg 2a, 83064 Raubling, a.schikowsky@gbrverlag.com

ISBN Taschenbuch: 978-3-9824745-4-0
ISBN Hardcoverbuch: 978-3-9824745-3-3
ISBN eBook: 978-3-9824745-2-6

Arno Schikowsky

Die Online-Shop REVOLUTION

GbR Verlag

WIDMUNG

Dieses Buch ist meinem Begleiter auf dem Weg zur finanziellen Freiheit gewidmet. Es steckt voller Überzeugung und will dir die besten Tricks für deinen Erfolg an die Hand geben.

Die Reise zur finanziellen Freiheit ist spannend, aber manchmal echt hart. Du brauchst Durchhaltevermögen, Entschlossenheit und Selbstvertrauen. Aber glaub mir, es lohnt sich, durchzuhalten.

Mit einem Online-Shop hast du die Chance, deine finanziellen Träume wahrzumachen. Er ist deine Eintrittskarte zu neuen Chancen, mehr Flexibilität und Unabhängigkeit. Es ist ein Sprung ins kalte Wasser, aber mit jedem Schritt kommst du deinem Ziel näher.

Dieses Buch ist wie eine Schatztruhe, prall gefüllt mit wertvollen Tipps. Du lernst, wie du deinen eigenen Online-Shop startest, Kunden oder neue Partner anziehst und Beziehungen aufbaust. Du wirst erfahren, wie man auch ohne direkten Produktverkauf ein Imperium aufbaut. Ich zeige dir Schritt für Schritt, wie‘s geht.

Aber eines ist klar: Dieses Buch ist mehr als nur ein Ratgeber. Es ist ein Erfolgsbeweis, eine Inspirationsquelle und zeigt, dass Träume wahr werden können. Es erzählt von Leuten wie dir, die den Mut hatten, den ersten Schritt zu machen, Herausforderungen zu meistern und finanzielle Freiheit zu erreichen.

Ich hoffe, du nimmst nicht nur die Worte aus diesem Buch auf, sondern setzt sie auch um. Jeder Tipp, jedes Kapitel soll dich anspornen und dir Mut machen, deinen Träumen zu folgen.

Denn am Ende macht das, was du tust, den Unterschied.

Danke, dass du dich für dieses Buch entschieden hast. Ich hoffe, es macht dir genauso viel Spaß, es zu lesen, wie es mir Spaß gemacht hat, es zu schreiben. Möge es dein Kompass auf dem Weg zur finanziellen Freiheit sein.

Von Herzen, Arno Schikowsky

Inhalt

Widmung 5

TEIL 1

Unmögliches möglich machen:
Die transformative Kraft der Visionäre 13

Die Illusion der Arbeitsplatzsicherheit
und der Aufbruch in eine neue Ära 15

Die Zukunft der Online-Shops –
Eine Revolution in der Kundenbeteiligung 17

Networkmarketing: Ein innovatives Geschäftsmodell 19

Online-Shops mit Umsatzbeteiligung:
Ein moderner Ansatz für Geschäfte und Individuen 21

Die Herausforderungen eines selbstständigen Unternehmers im
Vergleich zu einer Firma, die ihre Kunden an den Umsätzen beteiligt 25

Herausforderungen und Lösungen in der heutigen Zeit: 29

Die Überlegenheit Kostenloser Online-Shops im Network Marketing
gegenüber Dropshipping 31

Der Weg zur finanziellen Freiheit durch Kundenbeteiligung
in einem Online-Shop 35

Ändere mal deinen Blickwinkel 37

Zugang durch Eigenbedarf: Deine persönliche Filiale 37

Die richtige Arbeitsweise: Dein WARUM als zentraler Antrieb 39

Die Macht der Entschlossenheit und des Glaubens an sich selbst 41

Was zeichnet erfolgreiche Menschen aus 43

TEIL 2

Dein Weg zur Umsatzbeteiligung in einem Online-Shop 47

Das Geheimnis hinter zu wenigen Verkäufen und Partnern 49

Das wahre Potenzial:
Warum DU der Schlüssel zu deinem Erfolg bist 53

Was brauchst du, um erfolgreich zu werden? 57

Die Prinzipien im Networkmarketing 59

Tipps für einen erfolgreichen Start 61

Die verborgene Kraft deiner Tagesziele und die vier Stufen der Vision 65

Die Macht der Überlegenheit und Stärke in deinem Alltag 69

Entscheidungen im Alltag:
Der Schlüssel zu Erfolg und Zufriedenheit 71

Wegweiser für deinen Online-Shop:
Vom Fragen und Anbieten 73

Erschließe tiefere Verbindungen durch geteilte Leidenschaften 77

Erfolgsformel: Wie man in seinem Online-Shop maximale Kunden und Partner gewinnt 81

Wie spreche ich mit Menschen und warum ist das so wichtig für den Aufbau meines Geschäftes 85

Höre zu, höre hin: Die Kunst des aktiven Zuhörens im Networkmarketing 87

Lass die Menschen wieder träumen: Inspiration und Hoffnung in einer desillusionierten Welt 89

Je mehr du redest, umso mehr Widerstand wird aufgebaut: Die Kunst der präzisen Kommunikation 93

Das Potenzial der besten Freunde: Verdopple Deine Reichweite durch persönliche Bindungen 95

Rede einfach: Die Macht der klaren Kommunikation 97

Rede nur, wenn jemand hören will, was du zu sagen hast: Respekt und Vertrauen schaffen 101

Das Geheimnis des Interesses: Wie du Menschen durch Neugierde für Deinen Online-Shop gewinnen kannst 105

Die Macht der Empfehlung: Geschichten Dritter als Vertrauensbrücke 107

Authentizität, Werte und Konsistenz: Sei ein Magnet für andere 109

Das Feuer des Selbstvertrauens entfachen 111

Das Fundament innerer Stärke und wahrer Überlegenheit 113

Die Herausforderung der Motivation im Networkmarketing 115

Entscheidungen treffen und sich auf das Wesentliche konzentrieren 117

Die drei Menschentypen 119

Gib anderen Menschen Zugang: Das Geheimnis des Empfehlens 123

Zeige anderen, wie sie den Online-Shop nutzen können:
Ein Workshop zur Entmystifizierung des Online-Shops 125

Das Zeitalter digitaler Filialen: Zeige anderen,
wie sie eigene Filialen eröffnen können 127

Kontaktmöglichkeiten 129

Das letzte Kapitel
Die Zwei Denkweisen – Unterlasser und Unternehmer 131

Danksagung 135

Über den Autor 137

• TEIL 1 •

Online-Shops und Networkmarketing im Wandel

UNMÖGLICHES MÖGLICH MACHEN: DIE TRANSFORMATIVE KRAFT DER VISIONÄRE

Im Laufe meines Lebens habe ich eine wertvolle Erkenntnis gewonnen, die mein Denken und Handeln nachhaltig geprägt hat: Das größte Vergnügen besteht darin, das zu tun, wovon die Menschen behaupten, dass es unmöglich ist. Es sind nicht diejenigen, die ständig „Nein“ sagen und vor Herausforderungen zurückschrecken, die die Welt maßgeblich verändert haben. Nein, es sind die Macher, diejenigen mit visionären Ideen und einem unbeirrbaren Glauben an sich selbst.

Betrachten wir die Geschichtsbücher, so erkennen wir zahlreiche Beispiele von Menschen, die an ihre Träume glaubten und gegen den Strom schwammen. Sie waren es, die vermeintlich Unmögliches möglich machten und die Menschheit voranbrachten. Von Pionieren wie Thomas Edison, der trotz unzähliger Misserfolge die Glühbirne erfand, bis hin zu inspirierenden Persönlichkeiten wie Martin Luther King Jr., der für Gleichberechtigung und sozialen Wandel kämpfte, haben Visionäre die Welt nachhaltig verändert.

Doch der Weg der Visionäre ist nicht einfach. Es braucht Mut und Entschlossenheit, um gegen den Status quo anzugehen und seine Träume zu verfolgen. Die Welt ist oft voller Neinsager und Zweifler, die uns aufhalten möchten. Doch gerade in solchen Momenten ist es von entscheidender Bedeutung, den eigenen Leidenschaften und Überzeugungen treu zu bleiben. Denn nur so können wir unsere Potenziale entfalten und das Unmögliche möglich machen.

In einer Zeit, in der viele Menschen dazu neigen, sich in der Komfortzone einzurichten und Risiken zu meiden, möchte ich eine Botschaft der Inspiration und des Ermutigens senden. Lasst uns gemeinsam den Mut finden, die Welt zu verändern, indem wir unsere Träume verfolgen und an uns glauben.

Ja, es mag sein, dass der Weg holprig ist und Rückschläge unvermeidbar sind. Doch gerade diese Schwierigkeiten geben uns die Möglichkeit zu wachsen und unsere Grenzen zu überwinden. Es sind die Herausforderungen, die uns stärken und uns lehren, aus Fehlern zu lernen. Mit Entschlossenheit und Ausdauer können wir Hindernisse überwinden und unsere Ziele erreichen.

Es liegt in unserer Verantwortung als Gesellschaft, die Visionäre zu fördern und zu ermutigen, ihre Ideen zu verfolgen. Wir sollten Raum für Kreativität schaffen und Menschen ermutigen, neue Wege zu gehen. Denn nur so können wir als Gesellschaft vorankommen und Fortschritte erzielen.

Jeder von uns trägt das Potenzial eines Visionärs in sich. Doch oft lassen wir uns von Ängsten und Unsicherheiten zurückhalten. Lasst uns die inspirierenden Geschichten der Visionäre aus der Vergangenheit als Ansporn nehmen und den Glauben an uns selbst stärken. Lasst uns das Unmögliche möglich machen, indem wir unsere Träume leben und unsere Visionen in die Realität umsetzen.

Gemeinsam können wir Großes erreichen und eine bessere Zukunft gestalten. Wenn wir den Mut haben, unsere Komfortzone zu verlassen und den Glauben an unsere Fähigkeiten nicht verlieren, können wir die Welt verändern. Lasst uns die Visionäre in uns entfesseln und eine Welle des Wandels entfachen, die die Grenzen des Vorstellbaren überschreitet.

Es ist an der Zeit, unsere Potenziale zu entdecken und das Unmögliche möglich zu machen. Lasst uns gemeinsam die Welt mit unseren visionären Ideen und unserem unbeirrbaren Glauben an eine bessere Zukunft prägen. Jeder von uns kann einen Unterschied machen, wenn wir den Mut haben, die Herausforderungen anzunehmen und unsere Träume zu verwirklichen. Die Zeit ist gekommen, um die Welt zu einem besseren Ort zu machen – lass uns diesen Weg mit Entschlossenheit und Inspiration beschreiten.

DIE ILLUSION DER ARBEITSPLATZSICHERHEIT UND DER AUFBRUCH IN EINE NEUE ÄRA

Die Wahrnehmung von Arbeitsplatzsicherheit ist ein trügerisches Konzept, das viele Menschen in falscher Sicherheit wiegt. Es war einmal eine Zeit, in der die meisten Menschen glaubten, dass ihr Arbeitsplatz sicher sei. Diese Annahme basierte auf einer Ära der Stabilität und Vorhersehbarkeit. Doch die Zeiten haben sich geändert, und mit ihnen auch die Natur der Arbeit und der Arbeitsmärkte.

Das Aufwachen aus dieser Illusion der Sicherheit beginnt oft erst, wenn man selbst betroffen ist. Es ist wie ein abruptes Erwachen aus einem langen, tiefen Schlaf. Manchmal ändert sich das Leben über Nacht, und plötzlich findet man sich in einer Realität wieder, in der die alten Regeln und Sicherheiten nicht mehr gelten. Als Angestellter ist man oft den Launen des Marktes und den Entscheidungen des Managements ausgeliefert, ohne wirklichen Einfluss auf die eigene berufliche Zukunft zu haben.

Die Globalisierung hat die Weltwirtschaft grundlegend verändert. Nehmen wir das Beispiel der Elektroautos: Sie revolutionieren nicht nur die Automobilindustrie, sondern auch die Zuliefererketten. Traditionelle Zulieferer, die Teile für Verbrennungsmotoren herstellen, stehen vor dem Aus, wenn sie sich nicht anpassen. Diese Veränderungen sind symptomatisch für viele Branchen, in denen alte Geschäftsmodelle durch neue Technologien ersetzt werden.

Disruptive Unternehmen wie Amazon und Uber sind Beispiele dafür, wie traditionelle Branchen auf den Kopf gestellt werden. Das Ladensterben in den Innenstädten, verursacht durch den Online-Handel, und die Veränderungen in der Taxibranche durch Fahrdienstvermittler wie Uber zeigen, wie schnell sich Märkte verändern können. Diese Disruptionen führen oft zu Jobverlusten in traditionellen Branchen.

Die Digitalisierung bietet einerseits enorme Chancen, führt aber andererseits auch zu einem Wandel der Arbeitswelt. Bankfilialen schließen, da immer mehr Menschen Online-Banking nutzen. Der digitale Euro könnte das Finanzwesen weiter revolutionieren. In der Medizintechnik ermöglicht der

Einsatz von KI eine effizientere und genauere Diagnose und Behandlung, was jedoch auch die Rolle des traditionellen Arztes verändert. Während ein Arzt täglich eine begrenzte Anzahl von Patienten sieht, kann eine KI täglich Tausende von Fällen analysieren.

Angesichts dieser unsicheren Arbeitswelt wird es immer wichtiger, sich finanziell mehrere Standbeine aufzubauen. Ein zweites Standbein kann die Form eines Nebengeschäfts, einer Investition oder einer freiberuflichen Tätigkeit annehmen.

Eine interessante Option in diesem Bereich sind Unternehmen mit Onlineplattformen, die ihre Nutzer an den Erträgen teilhaben lassen, ohne dass eine finanzielle Investition nötig ist. Diese Konzepte erlauben es dir, eine eigene unternehmerische Tätigkeit zu entfalten, indem du Produkte weiterempfiehlst und dadurch an den Erträgen partizipierst. Darüber hinaus besteht die Möglichkeit, global weitere Online-Präsenzen ohne zusätzliche Kosten zu etablieren. Dies kann nicht nur eine dauerhafte und passive Einnahmequelle sein, sondern auch wertvolle Kenntnisse in den Bereichen Kundenbeziehungen und Netzwerkaufbau bieten.

Fazit ▶

Die Illusion der Arbeitsplatzsicherheit in einer sich schnell wandelnden Welt, in der traditionelle Berufe durch Globalisierung, disruptive Technologien und Digitalisierung bedroht sind, macht es unerlässlich, finanzielle Unabhängigkeit durch alternative Einkommensquellen wie z. B. Online-Shops zu suchen, die passive Einkünfte und wertvolle Kompetenzen bieten.

DIE ZUKUNFT DER ONLINE-SHOPS – EINE REVOLUTION IN DER KUNDENBETEILIGUNG

Hast du schon einmal darüber nachgedacht, wie die Zukunft des Onlinehandels gestaltet sein könnte? Die Möglichkeit, dass Kunden an den Einnahmen teilhaben, ohne selbst investieren zu müssen, ist nicht länger eine ferne Vorstellung, sondern wird zunehmend zur Wirklichkeit. In der Welt des E-Commerce zeichnet sich eine grundlegende Veränderung ab, die die Beziehung zwischen Online-Shops und ihren Nutzern revolutionieren wird.

In der heutigen Zeit sind Online-Shops allgegenwärtig. Bequem von zu Hause aus oder unterwegs können wir alles kaufen, was unser Herz begehrt, von Kleidung und Elektronik bis hin zu Lebensmitteln und Luxusartikeln. Doch während das Einkaufen für uns als Kunden immer einfacher und bequemer wird, stehen viele Firmen vor der Herausforderung, sich von der Konkurrenz abzuheben und ihre Kundenbindung zu stärken.

Die Idee der Kundenbeteiligung ist bereits in der Praxis angekommen und zeigt vielversprechende Ergebnisse. Kunden können an den Umsätzen eines Online-Shops beteiligt werden, ohne selbst eine Investition tätigen zu müssen. Dieses innovative Modell schafft einen starken Anreiz für Kundenbindung und schweißt die Kunden enger an die Marke.

Ein spezielles Vergütungssystem verstärkt die Kundenbindung zusätzlich. Kunden werden nicht nur für ihre eigenen Einkäufe belohnt, sondern auch für das Werben neuer Kunden. Durch die Empfehlung an Freunde, Bekannte oder Follower erhalten Kunden eine zusätzliche Vergütung oder Prämie. Dies fördert nicht nur den Erfolg des Online-Shops, sondern schafft auch ein engmaschiges Netzwerk von begeisterten Kunden, die ihre Erfahrungen und finanziellen Ziele teilen.

Ein weiterer faszinierender Aspekt der Kundenbeteiligung ist die Möglichkeit, nicht nur Produkte zu verkaufen, sondern auch weitere Filialen zu eröffnen und somit Freunden und Bekannten dabei zu helfen, ebenfalls einen eigenen Shop zu eröffnen. Jede neu eröffnete Filiale sorgt dafür, dass der Kunde an den Umsätzen dieser Filiale beteiligt wird. Dadurch entsteht ein weltweites Verbrauchsnetzwerk, in dem Kunden nicht nur als Konsumenten agieren, sondern auch als Mitunternehmer.

Diese einzigartige Form der Kundenbeteiligung schafft eine echte Win-win-Situation für alle Beteiligten. Kunden werden nicht nur belohnt, wenn sie selbst einkaufen oder neue Kunden gewinnen, sondern auch, wenn sie aktiv dazu beitragen, das Verbrauchsnetzwerk weiter auszubauen. So entsteht eine starke Kundenbindung, ein enger Zusammenhalt zwischen Kunden und Online-Shop sowie ein weltweites Netzwerk von mitwirkenden Partnern.

Natürlich gibt es auch Herausforderungen und Risiken bei einem solchen Modell. Online-Shops müssen sorgfältig überlegen, wie sie die Kundenbeteiligung gestalten, um Missbrauch oder finanzielle Probleme zu vermeiden. Rechtliche und finanzielle Aspekte müssen genau geprüft werden, um eine nachhaltige und faire Kundenbeteiligung zu gewährleisten.

Fazit ▸

Die Zukunft der Online-Shops wird durch ein revolutionäres Kundenbeteiligungsmodell geprägt, das ohne eigene Investition Umsatzbeteiligungen ermöglicht, Kundenbindung durch Vergütungssysteme für Empfehlungen verstärkt und ein globales Verbrauchsnetzwerk durch die Eröffnung neuer Filialen durch Kunden schafft.

NETWORKMARKETING: EIN INNOVATIVES GESCHÄFTSMODELL

Networkmarketing (auch als Multi-Level-Marketing oder MLM bekannt) ist eine besondere Form des Produktvertriebs. Es basiert auf Empfehlungsmarketing und unterscheidet sich somit stark von konventionellen Geschäftsmodellen und Vertriebsmethoden.

Allerdings gibt es einige Missverständnisse rund um das Networkmarketing. Oft wird es fälschlicherweise mit einem Schneeballsystem oder Pyramidensystem verglichen. Der Hauptunterschied liegt darin, dass echte Networkmarketing-Unternehmen auf echten Produktverkäufen basieren, sei es durch den Eigenbedarf der Mitglieder oder durch deren Verkauf. Sie sind nicht allein auf die Anwerbung neuer Mitglieder angewiesen. Ein Schneeballsystem dagegen ist hauptsächlich darauf ausgerichtet, neue Mitglieder zu gewinnen, von deren meist hohen Start-Paketen die bestehenden Mitglieder profitieren. Dieses System ist übrigens illegal und bricht zusammen, wenn keine neuen Mitglieder mehr hinzukommen, weil hier nicht wirklich Waren verbraucht werden.

Leider entstehen viele dieser Missverständnisse durch das unangemessene Verhalten einiger Personen, die Networkmarketing missbrauchen oder falsch darstellen. Wie in jedem Geschäftsfeld gibt es auch hier unseriöse Akteure. Einige von ihnen verwenden aggressive Anwerbemethoden oder übertreiben die möglichen Erträge.

Der Grundgedanke

Die Grundidee des Networkmarketings ist simpel, aber genial. Nehmen wir an, du verwendest ein Produkt und bist von dessen Qualität und Nutzen überzeugt. Anstatt dass das Unternehmen, welches dieses Produkt herstellt, Millionen in Werbekampagnen investiert, belohnt es dich dafür, das Produkt weiterzuempfehlen. Diese Empfehlungen geschehen meist im persönlichen Umfeld oder durch soziale Netzwerke, wodurch eine Vertrauensbasis geschaffen wird.

In herkömmlichen Geschäftsmodellen fließen erhebliche Summen in Werbung, Marketing, Sponsoring und den Vertrieb über Groß- und Einzelhändler. Beim Networkmarketing wird dieser „Mittelsmann“ ausgeschaltet, und die Mittel, die sonst für solche Aktivitäten ausgegeben würden, werden an die Vertriebspartner weitergegeben.

Vorteile und Nachteile

Der größte Vorteil des Networkmarketings ist, dass es buchstäblich jeder tun kann. Dieser demokratische Ansatz, also egal welches Alter, Beruf, Geschlecht, Nationalität oder Ausbildung, ermöglicht es Menschen, ohne traditionelle Geschäftskenntnisse oder Kapital in diesen Vertriebsbereich einzusteigen. Mit Leidenschaft, Überzeugung und dem richtigen Produkt kann hier jeder erfolgreich werden.

Dies ist jedoch auch der größte Nachteil. Die niedrige Eintrittsbarriere bedeutet, dass es viele Menschen gibt, die sich ohne ausreichende Kenntnisse oder mit den falschen Absichten beteiligen. Dies kann zu einer Verwässerung der Marke oder des Produkts führen und im schlimmsten Fall den Ruf des gesamten Networkmarketing-Modells schädigen.

Fazit ▸

Networkmarketing, ein Geschäftsmodell basierend auf Vertrauen und authentischen Empfehlungen, hat das Potenzial, traditionelle Vertriebskanäle zu revolutionieren, wobei der Erfolg von korrekter Ausführung, Unternehmens- und Produktwahl abhängt und Transparenz es von unethischen Praktiken abgrenzt.

ONLINE-SHOPS MIT UMSATZBETEILIGUNG: EIN MODERNER ANSATZ FÜR GESCHÄFTE UND INDIVIDUEN

Die Art und Weise, wie wir Geschäfte betreiben und konsumieren, hat sich radikal verändert. Eines der aufstrebenden Modelle in dieser neuen Ära ist das Konzept eines Online-Shops mit Umsatzbeteiligung – ein moderner, dynamischer Ansatz, der sowohl für Geschäfte als auch für Individuen attraktiv ist. In der Welt des E-Commerce und der digitalen Märkte stellt dieses Modell eine spannende Entwicklung dar, die das Potenzial hat, den Ansatz, mit dem wir über Online-Geschäfte denken, zu revolutionieren.

Beginnen wir mit dem Kern des Umsatzbeteiligungsmodells. Die Grundidee ist simpel, aber kraftvoll: Du eröffnest einen Online-Shop und profitierst nicht nur von deinen eigenen Verkäufen, sondern auch von den Umsätzen anderer Shops, die du in das Netzwerk einbringst. Dieses Modell ist ideal für Unternehmer, Hobbyisten oder einfach für Leute, die ein zusätzliches Einkommen suchen. Der Charme des Modells liegt in seiner Offenheit und Zugänglichkeit – fast jeder kann teilnehmen und profitieren.

Um tiefer in das Thema einzusteigen, betrachten wir zunächst die Struktur des Umsatzbeteiligungsmodells. Die Basis bildet dein eigener Online-Shop. Sobald dieser eingerichtet ist, beginnt das eigentliche „Spiel“: Du motivierst andere, ebenfalls Shops zu starten. Diese können aus deinem Familien- oder Freundeskreis stammen, oder es können Fremde sein, die an das Modell glauben. Jede neue Filiale erweitert das Netzwerk und erhöht die Umsatzmöglichkeiten für alle Beteiligten. Das Schöne daran ist, dass du nicht nur von deinen eigenen Verkäufen profitierst, sondern auch von den Shops, die du ins System gebracht hast.

Das Verdienstmodell in diesem System setzt sich aus zwei Hauptquellen zusammen. Erstens, dein eigener Shop: Die Einkünfte aus deinem Verkauf sind der direkteste Weg, Geld zu verdienen. Je mehr du verkaufst oder empfiehlst, desto mehr verdienst du. Zweitens, umsatzbeteiligte Shops:

Hier wird es noch interessanter. Zusätzlich zu den Einnahmen aus deinem eigenen Shop gibt es Boni oder Prozentsätze vom Umsatz der Shops, die du ins System gebracht hast. Diese Beteiligung kann sich oft auf mehrere Ebenen erstrecken, sodass du nicht nur von direkten, sondern auch von indirekten Empfehlungen profitieren kannst.

Ein zentraler Aspekt dieses Modells ist die Expansion und das Wachstum. Es reicht nicht aus, nur einen erfolgreichen Shop zu haben. Der wahre Schlüssel zum Erfolg liegt im Aufbau von Filialen. Je mehr Menschen du dazu bringen kannst, sich dem System anzuschließen, desto besser. Dein eigenes Einkommen steigt, und es entsteht eine Gemeinschaft, die sich gegenseitig unterstützt. Schulung und Unterstützung spielen dabei eine zentrale Rolle. Indem du anderen hilfst, ihre Geschäfte zum Erfolg zu führen, stärkst du das gesamte Netzwerk.

Die Vielseitigkeit des Umsatzbeteiligungsmodells ist ein weiterer großer Vorteil. Shops können sich auf unterschiedlichste Bereiche spezialisieren – von Mode über Naturprodukte bis hin zu Elektronik, Lebensmitteln oder Dienstleistungen. Diese Diversität ermöglicht es, ein breites Publikum anzusprechen und unterschiedlichste Interessen zu bedienen.

Natürlich gibt es in jedem Geschäftsmodell auch Herausforderungen und Risiken. Einige Umsatzbeteiligungssysteme könnten sich als unethisch oder gar betrügerisch herausstellen. Deshalb ist es wichtig, sorgfältig zu prüfen und sicherzustellen, dass das System, für das du dich entscheidest, legitim, transparent und kundenorientiert ist. Eine gründliche Recherche, das Lesen von Bewertungen und Gespräche mit bestehenden Shop-Inhabern sind unerlässlich, um ein gutes Verständnis dafür zu bekommen, wie das System funktioniert.

Schlussfolgerung

Das Online-Shop-Modell mit Umsatzbeteiligung bietet eine einzigartige Mischung aus E-Commerce und Networkmarketing. Es bietet Einzelpersonen und Unternehmern die Möglichkeit, ein profitables Online-Geschäft aufzubauen und gleichzeitig von den Bemühungen eines gesamten Netzwerks zu profitieren. Dieses Modell betont die Kraft der Gemeinschaft und zeigt, dass in der modernen Geschäftswelt Zusammenarbeit oft effektiver ist als Wettbewerb. Mit beharrlichem Einsatz, Engagement und einem soliden System können die Vorteile erheblich sein. Das Potenzial ist riesig, und der Weg in die Welt des Online-Shops mit Umsatzbeteiligung kann sich als äußerst lohnend erweisen.

Dieser Einblick in die Welt des Online-Shops mit Umsatzbeteiligung zeigt, wie sich Geschäftsmodelle entwickeln und anpassen, um den Bedürfnissen moderner Verbraucher und Unternehmer gerecht zu werden. Es ist ein spannender, dynamischer Ansatz, der sowohl für etablierte Unternehmen als auch für Einsteiger im Bereich des Online-Handels vielversprechend ist.

DIE HERAUSFORDERUNGEN EINES SELBSTSTÄNDIGEN UNTERNEHMERS IM VERGLEICH ZU EINER FIRMA, WELCHE IHRE KUNDEN AN DEN UMSÄTZEN BETEILIGT

Ein selbstständiger Geschäftsführer oder ein traditionelles Unternehmen begegnet einer Reihe von Herausforderungen und Verantwortlichkeiten, die bei einem Online-Shop-Modell mit Kundenbeteiligung oft nicht vorhanden sind. Dieses Modell bietet nicht nur den Vorteil einer stärkeren Kundenbindung, sondern erleichtert auch den Betreibern solcher Online-Shops viele der herkömmlichen unternehmerischen Aufgaben. Nachfolgend werden einige der speziellen Herausforderungen dargestellt, denen sich ein unabhängiger Unternehmer gegenübersieht, im Vergleich zu einem Geschäftsmodell, das auf der Beteiligung der Kunden basiert:

1. **Warenbestand:** Der Unternehmer muss den Überblick über seinen Warenbestand behalten, um sicherzustellen, dass genügend Produkte für den Verkauf vorhanden sind. Dies beinhaltet das Einkaufsmanagement, die Lagerung und die Planung von Nachbestellungen.
2. **Rechnungsstellung:** Das Ausstellen von Rechnungen an Kunden ist entscheidend, um Zahlungen für Produkte oder Dienstleistungen zu erhalten. Die Rechnungen sollten präzise und vollständig sein, um Verzögerungen bei der Bezahlung zu vermeiden.
3. **Zahlungsverkehr:** Der Unternehmer muss sicherstellen, dass er eingehende Zahlungen von Kunden verfolgt und verbucht. Gleichzeitig muss er auch ausgehende Zahlungen an Lieferanten oder Dienstleister verwalten.
4. **Versand:** Wenn der Unternehmer physische Produkte verkauft, ist der Versand ein wichtiger Schritt. Er muss sicherstellen, dass die Produkte ordnungsgemäß verpackt und termingerecht an die Kunden verschickt werden.

5. **Kundenservice:** Guter Kundenservice ist essenziell, um Kunden zufriedenzustellen und langfristige Geschäftsbeziehungen aufzubauen. Der Unternehmer muss Fragen beantworten, Probleme lösen und auf Beschwerden reagieren.
6. **Marketing:** Um das Geschäft zu fördern und neue Kunden zu gewinnen, muss der Unternehmer kostenintensive Marketingstrategien entwickeln und umsetzen. Dies kann Online-Marketing, Social-Media-Werbung, Content-Erstellung, SEO, Fernseh- und Radiowerbung, Messen und Verkaufsveranstaltungen und mehr umfassen.
7. **Hotline:** Je nach Art des Geschäfts kann es erforderlich sein, eine Hotline oder einen Kundendienst einzurichten, um Anrufe von Kunden entgegenzunehmen und ihre Anliegen zu bearbeiten.
8. **Verwaltungsaufgaben:** Neben den operativen Aufgaben muss der Unternehmer auch die Finanzen, Buchhaltung, Steuern und andere verwaltungstechnische Aufgaben bewältigen.

Abhängig von der Art des Unternehmens und seiner Größe, kann diese Liste noch länger sein. Selbstständige müssen oft als „Ein-Mann- oder Ein-Frau-Unternehmen" viele Rollen gleichzeitig ausfüllen und effizient organisieren, um den Erfolg ihres Geschäfts sicherzustellen. Es erfordert ein hohes Maß an Flexibilität, Organisation und Zeitmanagement, um diese Aufgaben erfolgreich zu bewältigen. Manchmal können Selbstständige auch entscheiden, bestimmte Aufgaben auszulagern oder Mitarbeiter einzustellen, um die Last zu teilen und sich auf ihre Kernkompetenzen konzentrieren zu können.

Im Gegensatz dazu profitiert eine Firma, die ihre Kunden an den Umsätzen beteiligt, von einem innovativen Geschäftsmodell, das die üblichen Herausforderungen des traditionellen Unternehmertums überwindet. Durch die Beteiligung der Kunden werden Werbekosten und Großhandelsaufschläge, Miete, Energiekosten oder Personalkosten eliminiert, was bedeutet, dass große Teile des Verkaufserlöses direkt an die Kunden ausgeschüttet werden können. Dadurch entsteht ein motiviertes und loyales Kundenklientel, das aktiv am Erfolg des Unternehmens mitwirkt und somit die Kundenbindung stärkt. Die Firma kann sich somit auf die Bereitstellung und Entwicklung hochwertiger Produkte und Dienstleistungen konzentrieren, während sie von der engen Bindung und dem Engagement ihrer Kunden profitiert.

Darüber hinaus haben Kunden die Möglichkeit, in diesem System einen eigenen Shop zu aktivieren, der ihnen „kostenlos" bereitgestellt wird. Der Begriff „kostenlos" ist allerdings nicht ganz zutreffend, da für den Shop eine Art „Lizenzgebühr" anfällt. Diese Gebühr wird dadurch beglichen, dass der Kunde regelmäßig Produkte im Shop kauft, die er ohnehin monatlich benötigt, vorausgesetzt der Shop führt diese Produkte. In diesem Sinne kann man sagen, dass der Shop tatsächlich „kostenlos" ist. Mit diesem Shop bieten sich den Kunden Chancen, ihr eigenes Einkommens-Imperium aufzubauen, ohne die typischen unternehmerischen Pflichten (siehe vorheriges Kapitel) tragen zu müssen. Die Firma ermöglicht es ihren Kunden, ihre Ressourcen und Plattform für die Erreichung finanzieller Unabhängigkeit zu nutzen. Dies führt zu einer Win-win-Situation, in der die Kunden ihre persönlichen Ziele verwirklichen und die Firma von einem wachsenden Netzwerk engagierter Partner und Unternehmer profitiert.

HERAUSFORDERUNGEN UND LÖSUNGEN IN DER HEUTIGEN ZEIT:

1. Steigerung des Einkommens

In unserer digital vernetzten Welt eröffnen sich vielfältige Wege, um das Einkommen zu erhöhen. Neben herkömmlichen Berufen gewinnen E-Commerce und Empfehlungsmarketing zunehmend an Bedeutung. Online-Shops, die auf Empfehlungsmarketing setzen, verzeichnen besonders starke Zuwächse.

2. Absicherung für den Ruhestand

Angesichts der begrenzten Leistungen staatlicher Rentensysteme wird es immer wichtiger, zusätzliche private Vorsorgemaßnahmen zu treffen. Eine Kombination aus privaten Investitionen, dem Betreiben eines eigenen Online-Shops und der Teilnahme am Empfehlungsmarketing kann eine solide finanzielle Basis für den Ruhestand schaffen.

Tipp: Probiere einen Selbstversuch: Versuche, die nächsten drei Monate das Leben eines Rentners zu simulieren. Nimm dein Nettoeinkommen und ziehe 50 % davon ab. Versuche dann, von dem übriggebliebenen Betrag dein Leben inklusive Miete, Nebenkosten, Essen und weiteren Ausgaben zu bestreiten. Wenn du das als Herausforderung empfindest, ist es höchste Zeit, über zusätzliche Möglichkeiten nachzudenken und sie umzusetzen.

3. Erfüllung persönlicher Wünsche

Durch zusätzliche Einkommensquellen wie Online-Shops und Empfehlungsmarketing können materielle Wünsche leichter realisiert werden. Dies eröffnet neue Möglichkeiten, persönliche Ziele und Träume zu verwirklichen.

4. Flexibilität in der Zeiteinteilung

Das digitale Zeitalter hat die Arbeitswelt revolutioniert. Die Kombination aus Online-Shop und Empfehlungsmarketing bietet die Freiheit, unabhängig von Ort und Zeit zu arbeiten, was zu einer besseren Balance zwischen Beruf und Privatleben führt.

5. Mehr Reisemöglichkeiten

Die Flexibilität, die Online-Shops und Networkmarketing bieten, ermöglicht es vielen Menschen, mehr zu reisen, ohne ihre geschäftlichen Aktivitäten zu vernachlässigen. Ein gut etabliertes Empfehlungsnetzwerk funktioniert unabhängig vom Standort des Betreibers.

7. Verbesserung der Lebensqualität

Ein zusätzliches Einkommen aus Online-Shops oder Networkmarketing kann die Lebensqualität erheblich verbessern. Dies umfasst nicht nur einen höheren Lebensstandard und bessere Gesundheitsversorgung, sondern auch den Zugang zu qualitativ hochwertigeren kulturellen Angeboten.

Fazit ▶

Finanzielle Überlegungen spielen eine entscheidende Rolle bei vielen Lebensentscheidungen. Daher ist es wichtig, sich über finanzielle Möglichkeiten im Klaren zu sein und diese aktiv zu nutzen. Online-Shops und Empfehlungsmarketing im Rahmen des Networkmarketings sind vielversprechende Optionen in der heutigen Welt, die es zu berücksichtigen gilt.

DIE ÜBERLEGENHEIT KOSTENLOSER ONLINE-SHOPS IM NETWORKMARKETING GEGENÜBER DROPSHIPPING

In der Welt des E-Commerce haben sich zwei Modelle als besonders populär herauskristallisiert: Networkmarketing Online-Shops, die oft kostenfrei angeboten werden, und Dropshipping.

Während beide Modelle ihre Vorzüge haben, gibt es überzeugende Argumente, die dafürsprechen, dass „kostenlose" Online-Shops im Network Marketing insbesondere für Einsteiger und kleine Unternehmen bessere Chancen bieten als das Dropshipping-Modell.

Einstiegshürden und Investitionen

Einer der signifikantesten Vorteile kostenloser Online-Shops im Network Marketing ist die niedrige Eintrittsbarriere. Anfänger können ohne große Investitionen einsteigen, da keine Lagerkosten, keine Kosten für die Entwicklung einer Website oder andere initiale Aufwendungen anfallen. Im Gegensatz dazu benötigt man für Dropshipping ein gewisses Kapital für den Aufbau der Website, das Marketing und möglicherweise für den Kauf von Waren, falls der Lieferant eine Mindestabnahmemenge fordert.

Autonomie und Branding

Network Marketing ermöglicht es Vertriebspartnern, Produkte unter der Marke des Hauptunternehmens zu verkaufen, was oft Vertrauen bei den Kunden schafft. Im Rahmen eines kostenlosen Online-Shops können Vertriebspartner von dem etablierten Ruf und der Markenbekanntheit profitieren. Dropshipping hingegen erfordert Aufbau und Pflege einer eigenen Marke, was sowohl zeit- als auch kapitalintensiv ist.

Marketing und Kundengewinnung

Im Network Marketing unterstützt das übergeordnete Unternehmen häufig die Vertriebspartner mit erprobten Marketingstrategien und -materialien. Diese Unterstützung kann von unschätzbarem Wert sein, insbesondere wenn Vertriebspartner über begrenzte Marketingkenntnisse verfügen. Dropshipper müssen ihre Marketingstrategien hingegen meist selbst entwickeln, was zusätzliche Kosten und Risiken mit sich bringt.

Produktauswahl und Qualitätssicherung

Vertriebspartner im Network Marketing haben oft Zugang zu einem vorausgewählten Sortiment von Produkten, deren Qualität bereits sichergestellt ist. Das entbindet sie von der Verantwortung, Hersteller zu prüfen und Qualitätssicherung zu betreiben – ein Prozess, der im Dropshipping wesentlich ist und zu erheblichen Herausforderungen führen kann.

Lagerhaltung und Logistik

Online-Shops im Network Marketing profitieren von den logistischen Prozessen des Hauptunternehmens, einschließlich Lagerhaltung und Versand. Dropshipper hingegen sind von den Lieferanten abhängig, was zu unvorhersehbaren Lieferzeiten und -problemen führen kann, besonders wenn die Lieferanten international agieren.

Schulung und Unterstützung

Im Network Marketing werden oft umfangreiche Schulungen und laufende Unterstützung geboten, um den Vertriebspartnern zu helfen, effektiv zu verkaufen und ihr Geschäft zu entwickeln. Dropshipping-Plattformen bieten diese persönliche Unterstützung und Schulung nicht immer an, was es für Neulinge schwer machen kann, erfolgreich zu werden.

Langfristige Kundenbeziehungen

Network Marketing baut auf langfristige Kundenbeziehungen und oft auf wiederkehrende Verkäufe. Dropshipping hingegen fokussiert auf den

Einzelverkauf ohne den Aufbau einer langfristigen Beziehung zum Kunden, was zu einem unbeständigeren Einkommensstrom führen kann.

Fazit ▶

Network Marketing mit Umsatzbeteiligung in Online-Shops bietet gegenüber Dropshipping eine stabilere Plattform für E-Commerce-Einsteiger, indem es geringere Startkosten, Unterstützung, Marketinghilfe und eine etablierte Kundenbasis bietet und sich somit als bevorzugter Weg für den Einstieg in den Onlinehandel erweist.

DER WEG ZUR FINANZIELLEN FREIHEIT DURCH KUNDENBETEILIGUNG IN EINEM ONLINE-SHOP

Wie beginne ich? Es ist tatsächlich recht einfach. Du suchst dir eine Firma, die, wie zuvor erwähnt, ihre Kunden an den Umsätzen beteiligt (Tipp: Wende dich doch an die Person, die dir dieses Buch empfohlen hat).

Diese Firmen sind vor allem im Networkmarketing zu finden. Networkmarketing bietet eine einzigartige Chance, finanziell unabhängig zu werden und von den Umsätzen des Unternehmens zu profitieren.

Es gibt unterschiedliche Herangehensweisen im Networkmarketing, aber das zentrale Merkmal der Firma, für die du dich entscheiden solltest, ist die aktive Beteiligung ihrer Kunden an den Umsätzen. Es ist essenziell, dass die Firma transparent und fair agiert, wenn es um diese Beteiligung geht. Das schafft Vertrauen und motiviert die Kunden, sich am Unternehmenserfolg zu beteiligen.

Drei wichtige Kriterien sollten von der Firma erfüllt werden:

1. **Geeignete Produkte:** Die Produkte sollten einen echten Mehrwert bieten und von hoher Qualität sein. Wichtig ist, dass sie den Bedürfnissen der Kunden gerecht werden und deren Leben positiv beeinflussen.
2. **Monatlicher Verbrauch:** Die Produkte sollten nicht nur einmalig gekauft, sondern monatlich verbraucht werden. Das garantiert eine konstante Nachfrage und sorgt dafür, dass Kunden regelmäßig nachordern. Ein stetiger monatlicher Verbrauch führt zu kontinuierlichem Umsatzwachstum, von dem die Kunden profitieren können.
3. **Trendrelevanz:** Die Produkte sollten aktuellen Trends entsprechen. Beispiele hierfür sind Naturprodukte im Gesundheitssektor. Anti-Aging-Produkte oder solche, die das allgemeine Wohlbefinden steigern, sind ebenfalls gefragt und können die Basis für ein florierendes Networkmarketing-Geschäft bilden.

Wenn du dich für eine Firma entscheidest, die diese Kriterien erfüllt, legst du den Grundstein für dein Business und die Chance, finanziell unabhängig zu werden. Durch Kundenbeteiligung profitierst du nicht nur von deinen eigenen Verkäufen, sondern auch von den Verkäufen derjenigen, die du ins Team holst.

Networkmarketing baut auf einer Win-win-Situation auf: Du profitierst von den Umsätzen, die du und dein Team erzielen, und das Unternehmen profitiert von einem wachsenden Vertriebsnetzwerk. Es ist essenziell zu verstehen, dass Networkmarketing keine kurzfristige Geldquelle ist. Es erfordert Engagement, Einsatz und Geduld. Aber es bietet auch die lohnende Perspektive, langfristige finanzielle Unabhängigkeit zu erlangen.

Um zu starten, informiere dich über verschiedene Networkmarketing-Firmen und wähle diejenige aus, die am besten zu deinen Interessen, Werten und Zielen passt. Berücksichtige dabei die Produktqualität, das Vergütungsmodell, die Marktpräsenz des Unternehmens (da Newcomer oft mit großen Versprechungen kommen und schnell wieder verschwinden können), sowie die angebotenen Schulungs- und Unterstützungsmöglichkeiten. Mit der richtigen Entscheidung und der nötigen Motivation eröffnet sich dir eine spannende Reise in die finanzielle Freiheit. Dein Erfolg im Networkmarketing kann grenzenlos sein, solange du dich mit Engagement und Entschlossenheit dafür einsetzt.

Das Konzept von Online-Shops mit Umsatzbeteiligung bietet eine faszinierende Möglichkeit für Unternehmertum und Netzwerkaufbau. In diesem Kapitel möchte ich detailliert auf dieses Thema eingehen, insbesondere auf drei spezifische Ansätze, die man verfolgen kann.

ÄNDERE MAL DEINEN BLICKWINKEL ZUGANG DURCH EIGENBEDARF: DEINE PERSÖNLICHE FILIALE

Viele glauben ja, dass sie bei solchen Shops selbst groß investieren müssen. Das ist tatsächlich nicht der Fall. Der Beginn einer solchen Einkommensmöglichkeit beginnt oft mit einem simplen Akt: dem Einkauf für den eigenen Bedarf. Indem man Produkte für sich selbst bestellt, erhält man nicht nur die gewünschten Waren, sondern erschließt sich auch den Weg, einen eigenen Online-Shop zu eröffnen. Diese Methode ist besonders attraktiv, da sie eine natürliche Integration in das alltägliche Einkaufsverhalten erlaubt. Als Shopbesitzer kann man dann, wenn man möchte, Produkte empfehlen, wodurch man unmittelbar am Umsatz beteiligt wird. Dieser Ansatz verbindet traditionellen Einzelhandel mit den Vorteilen des E-Commerce.

Strategie:

- **Verlagerung der Einkäufe:** Der Schlüssel hierbei ist die Umleitung der monatlichen Einkäufe in den eigenen Shop. Dies könnte alles von Haushaltswaren bis hin zu Spezialartikeln oder Naturprodukten wie Vitalstoffe oder Pflegeprodukte umfassen, abhängig von den angebotenen Produkten des Online-Shop-Systems.
- **Aufbau eines Kundenstamms:** Durch die Nutzung des eigenen Shops kann man praktische Erfahrungen sammeln, die beim Aufbau eines Kundenstamms hilfreich sein können.

Netzwerkausbau durch Filialeröffnung

Ein weiterer Ansatz ist der Ausbau des eigenen Netzwerks durch das Eröffnen zusätzlicher Filialen. Diese Strategie ist etwas ambitionierter und erfordert eine aktive Beteiligung und Lust, mit anderen Menschen darüber zu sprechen.

Strategie:

- **Zugänge verteilen:** Man kann Freunden oder Bekannten die Möglichkeit bieten, ihr Einkommen durch das Eröffnen einer eigenen Filiale zu erhöhen. Hierbei fungiert man als eine Art Mentor.
- **Umsatzbeteiligung:** Für jede zusätzliche Filiale, die unter der eigenen Schirmherrschaft eröffnet wird, erhält man eine Umsatzbeteiligung. Dies schafft einen Anreiz, das Netzwerk kontinuierlich zu erweitern.

Multiplikation durch Schulung

Die dritte Methode konzentriert sich auf die Multiplikation des Erfolgsmodells. Hierbei geht es darum, anderen Shopbesitzern zu zeigen, wie sie erfolgreich Filialen eröffnen können.

Strategie:

- **Ausbildung von Shopbesitzern:** Man bietet Schulungen oder Workshops an, in denen man anderen beibringt, wie sie erfolgreich Filialen eröffnen und betreiben können.
- **Schaffung eines Netzwerks:** Durch die Ausbildung anderer entsteht ein Netzwerk von Filialen, das sich selbst weiter ausbaut und somit zu einer erhöhten Umsatzbeteiligung führt.

Fazit ▸

Online-Shops mit Umsatzbeteiligung bieten ein vielseitiges Modell für unternehmerisches Wachstum. Es kombiniert persönlichen Einkauf mit der Möglichkeit, ein eigenes Geschäft aufzubauen und ein Netzwerk von Filialen zu entwickeln. Die drei hier vorgestellten Strategien bieten verschiedene Wege, um in diesem spannenden Bereich erfolgreich zu sein. Der Schlüssel zum Erfolg liegt in der Wahl der richtigen Strategie, abgestimmt auf die eigenen Fähigkeiten und Ziele.

DIE RICHTIGE ARBEITSWEISE: DEIN WARUM ALS ZENTRALER ANTRIEB

Das Geheimnis einer erfolgreichen Arbeitsweise liegt oft nicht im „Wie“, sondern im „Warum“. Wenn du das „Warum“ einer Person verstehst, hältst du den Schlüssel zu ihrem inneren Antrieb, ihrer Motivation und ihrer Bereitschaft in den Händen. Das „Warum“ ist der tiefere Grund, die innere Motivation, das wahre Verlangen. Besonders im Empfehlungsmarketing, das stark auf Vertrauen und persönlichen Beziehungen basiert, ist es von entscheidender Bedeutung, die Bedürfnisse und Wünsche deiner Partner zu kennen und zu verstehen. Es gibt drei zentrale „Warums“ (3 G‘s).

Das erste G: Geld

Es ist kein Geheimnis, dass Geld ein zentrales Element in unserer Gesellschaft ist. Doch Geld allein ist nicht das Ziel – es ist ein Mittel zum Zweck. Wenn du mit einem potenziellen Partner über Geld sprichst, sprichst du eigentlich über die Dinge, die ihm wirklich wichtig sind: seine Träume, Wünsche, Bedürfnisse und Ziele. Hier geht es darum, zu erforschen, was jemanden wirklich antreibt.

Betrachte Geld nicht nur als physische Materie, sondern als das, was es deinem Gegenüber ermöglichen kann. Wünscht er sich mehr Zeit mit der Familie? Möchte er auf eine Weltreise gehen? Hat er den Traum, ein eigenes Haus zu besitzen? All diese Dinge sind mit dem Thema Geld verdienen verbunden, aber sie sind viel tiefgreifender und persönlicher.

Das zweite G: Gesundheit (und/oder Schönheit)

Gesundheit und Schönheit sind zwei universelle Wünsche der Menschheit. Hier geht es nicht darum, kranke Menschen zu suchen, sondern solche, die ihren Gesundheitszustand erhalten oder verbessern möchten. Es ist eine präventive Herangehensweise.

Trotzdem solltest du sehr vorsichtig sein, wenn es um das Thema Gesundheit geht. Jede Geschichte, die du über eine Krankheit erzählst, kann als Heilaussage interpretiert werden. Und obwohl persönliche Erfahrungen und Empfehlungen wertvoll sind, sollten sie nie als allgemeingültige Lösungen präsentiert werden. Es ist wichtig, das Thema mit Sensibilität und Respekt zu behandeln.

Das dritte G: Gemeinschaft

In unserer schnelllebigen und oft entfremdeten Gesellschaft hat die Gemeinschaft einen unschätzbaren Wert für uns erlangt. Überraschenderweise ist Einsamkeit eine der größten und am meisten unterschätzten Gefahren für die menschliche Gesundheit. Daher hat die Sehnsucht nach einer tiefen und bedeutungsvollen Verbindung mit anderen, nach einem Zugehörigkeitsgefühl, eine enorme Bedeutung in deinem Leben.

Fazit ▶

Networkmarketing bietet dir in dieser Hinsicht eine unschätzbare Gelegenheit. Abseits von bloßen Geschäftstransaktionen gibt es dir eine Plattform, um wertvolle und dauerhafte Beziehungen zu knüpfen. Es ist nicht nur eine Chance, geschäftlich erfolgreich zu sein, sondern auch, ein Netzwerk von Menschen aufzubauen, die ähnliche Werte, Ambitionen und Ziele teilen. Im Netzwerkmarketing begegnest du nicht nur Menschen, die interessante Geschichten und Erfahrungen teilen, sondern du baust eine Gemeinschaft auf, die sich gegenseitig unterstützt, fördert und inspiriert. Es geht um mehr als nur Geschäfte – es geht um das menschliche Band, das uns alle verbindet.

DIE MACHT DER ENTSCHLOSSENHEIT UND DES GLAUBENS AN SICH SELBST

Im Empfehlungsmarketing, speziell in der Beteiligung an Online-Shops, habe ich eine entscheidende Lektion gelernt: die Macht der Entschlossenheit und des Glaubens an sich selbst. Die Menschen, die sich für diese Möglichkeit öffnen und aktiv nach Veränderung streben, sind ein lebendiges Beispiel dafür, wie eine starke Entschlossenheit und ein festes Vertrauen in die eigenen Fähigkeiten wahre Wunder bewirken können.

Sie haben erkannt, dass Veränderung nicht von allein kommt, sondern dass es Mut, Einsatz und die Bereitschaft braucht, den Status quo (Komfortzone) zu verlassen. Diese Menschen lassen sich nicht von Zweifeln oder Hindernissen entmutigen, sondern sind fokussiert und beharrlich in ihrem Streben nach Entwicklung, Wachstum und Erfolg.

Die Entschlossenheit wird von einem tiefen Glauben an sich selbst und den eigenen Fähigkeiten genährt. Wenn jemand an sein Potenzial glaubt, entfaltet sich eine immense innere Stärke und Selbstsicherheit. Der Glaube an sich selbst eröffnet Möglichkeiten und Ressourcen, die vorher verborgen waren. Es ist, als würde man die eigenen Grenzen erweitern und das Unmögliche möglich machen.

Die Kombination aus Entschlossenheit und Selbstvertrauen macht diese Menschen zu wahren Vorreitern und Inspirationsquellen für andere. Sie sind nicht nur bereit, ihr eigenes Leben zu verbessern, sondern sie sehen auch das Potenzial, andere auf ihrem Weg zum Erfolg zu unterstützen. Sie verstehen die Kraft des gemeinsamen Wachstums und schaffen ein Netzwerk, in dem alle Beteiligten voneinander profitieren.

Wenn ich mit diesen Menschen zusammenarbeite, fühle ich eine einzigartige Energie und Begeisterung. Der Austausch mit ihnen ist eine Quelle der Freude und des gegenseitigen Lernens. Es erinnert mich daran, dass wir in der Lage sind, unser Schicksal zu gestalten, wenn wir die Entschlossenheit haben, unsere Ziele zu verfolgen und an uns selbst zu glauben.

Fazit ▶

Die Beteiligung an Online-Shops im Empfehlungsmarketing lehrt die Bedeutung von Entschlossenheit und Selbstglauben, wobei Menschen, die Veränderungen aktiv anstreben, demonstrieren, wie diese Eigenschaften zu Erfolg führen können, und zugleich inspirieren sie andere, ihr eigenes Potenzial zu erkennen und zu nutzen.

WAS ZEICHNET ERFOLGREICHE MENSCHEN AUS

In meinen anderthalb Jahrzehnten im Extremsport (ich war Leistungssportler im Kraftsportbereich, genauer Bodybuilding, und habe zahlreiche Wettkämpfe bestritten) habe ich viele Erkenntnisse nicht nur über körperliche Herausforderungen, sondern auch über den Weg zum persönlichen Erfolg gesammelt. Eine Frage, die mir dabei oft gestellt wurde, war: „Wie wirst du so erfolgreich?" Die Antwort, obwohl scheinbar simpel, hat profunde Implikationen: Es ist von essenzieller Bedeutung, sich mit denen zu umgeben, die bereits erreicht haben, wohin man selbst strebt.

In jeder Erfolgsgeschichte – ob im digitalen Einzelhandel, Empfehlungsmarketing oder einem anderen Bereich – gibt es bestimmte Gemeinsamkeiten bei den Personen, die herausragende Ergebnisse erzielen. Sie haben Stolpersteine überwunden, wertvolle Erkenntnisse gewonnen und beeindruckende Erfolge verbucht. Diese Individuen haben sich meist stabile, wiederkehrende Umsätze aufgebaut. Ihre Reise zeichnet sich durch Entschlossenheit, kontinuierliche Anstrengung und kluge, fundierte Entscheidungen aus.

Um selbst erfolgreich zu sein, ist es essenziell, sich mit diesen Menschen zu vernetzen, ihre Geschichten zu hören und von ihrer Erfahrung zu profitieren. Diese Erfolgsgeschichten sind nicht das Produkt von Glück oder Zufall, sondern das Ergebnis beharrlicher Bemühungen, der Implementierung wirkungsvoller Strategien und des Mutes, immer einmal mehr aufzustehen, als man hinfällt.

In meiner eigenen Entwicklung habe ich immer versucht, mich mit Menschen zu vernetzen, die in der Welt des Networkmarketings erheblichen Erfolg verzeichnet hatten. Ihre Geschichten waren nicht nur Quellen der Inspiration, sondern haben mir auch konkretes, anwendbares Wissen vermittelt. Diese Ansätze, angewendet auf meine eigenen Vorhaben, haben sich als unschätzbar wertvoll erwiesen.

Ein Wort der Vorsicht ist jedoch angebracht: Nicht jeder, der vorgibt, ein Experte zu sein, hat auch tatsächlich den beworbenen Erfolg erreicht.

Es ist wichtig, bei der Suche nach Mentoren und Vorbildern kritisch und wählerisch zu sein. Deine Zeit ist wertvoll – investiere sie in diejenigen, deren Erfolg offensichtlich und deren Ratschläge fundiert sind.

Die Wahl deines Umfelds kann maßgeblich über deinen Erfolg oder Misserfolg entscheiden. Ein Umfeld, das von erfolgreichen Akteuren geprägt ist, kann dir den entscheidenden Schub geben. Durch das Teilen ihrer Erfahrungen kannst du potenzielle Fallstricke vermeiden und von bewährten Strategien profitieren.

Während es keine Universallösung gibt, die jedem garantierten Erfolg verspricht, habe ich festgestellt, dass das Adaptieren von bewährten Strategien und Herangehensweisen oft zu schnelleren und nachhaltigeren Ergebnissen führt. Jeder, der Erfolg hat, hat wertvolle Lektionen gelernt, und diese Erkenntnisse können dir auf deinem Weg enorm helfen.

Also wage den Schritt! Nähere dich jenen, die den Pfad des Erfolgs bereits beschritten haben. Lass dich von ihren Geschichten begeistern und nutze ihre Erkenntnisse, um deinen eigenen Weg zu gestalten. Mit den richtigen Strategien und einer unterstützenden Gemeinschaft, wie sie der Online-Shop mit Umsatzbeteiligung bieten kann, liegt der Traum von finanzieller Unabhängigkeit in greifbarer Nähe.

• TEIL 2 •

Tipps und Erfahrungen für einen erfolgreichen Start

DEIN WEG ZUR UMSATZBETEILIGUNG IN EINEM ONLINE-SHOP

Es gibt viele Möglichkeiten, ein Einkommen zu generieren, und die Umsatzbeteiligung in einem Online-Shop gehört definitiv dazu. Du fragst dich, wie du das erreichen kannst? Hier ist der Leitfaden!

Das Ziel ist es, den Online-Shop bekannter zu machen und für jeden Kauf, der durch deine Empfehlung zustande kommt, eine Beteiligung zu erhalten. Folgende Schritte können dir dabei helfen:

1. **Gib anderen Menschen Zugang:** Erzähle deinen Freunden, Bekannten und Arbeitskollegen von dem Online-Shop und dass man hier mit geringer Investition Geld verdienen kann.

2. **Zeige anderen, wie sie den Online-Shop nutzen können:** Manchmal sind es die technischen Hürden, die abschreckend wirken. Ein kurzes Tutorial oder eine Anleitung, wie man den Shop bedient, Artikel auswählt und Käufe tätigt, kann hier Abhilfe schaffen.

3. **Zeige anderen, wie sie eigene Filialen eröffnen können:** Vielleicht gibt es Personen in deinem Umfeld, die nicht nur kaufen, sondern auch ihre eigene Filiale des Online-Shops eröffnen möchten. Zeige ihnen, wie das funktioniert und unterstütze sie bei ihren ersten Schritten.

4. **Openhouse-Veranstaltungen:**
   Eine persönliche und vertrauensvolle Methode, um anderen das Konzept näherzubringen, ist das Organisieren von Openhouse-Events. Lade Interessierte zu dir ein und präsentiere, wie du den Online-Shop nutzt und wie man mit ihm Geld verdient.

5. **Lade Menschen zu Online-Shoptreffen oder Events ein:**
   Falls du keine Openhouse-Veranstaltungen organisieren möchtest, ist das völlig in Ordnung. Es gibt zahlreiche andere Wege, um die Wirksamkeit

der Empfehlung durch Dritte zu nutzen. Eine Möglichkeit ist, potenzielle Interessenten zu Live-Events einzuladen. Begleite sie persönlich zu diesen Veranstaltungen. Du wirst erstaunt sein, welche Effekte sich daraus ergeben werden.

Mit diesen Schritten baust du nicht nur ein zusätzliches Einkommen durch Umsatzbeteiligung auf, sondern ermöglichst auch anderen, von den Vorteilen des Online-Shops zu profitieren. Es ist eine Win-win-Situation für alle Beteiligten!

DAS GEHEIMNIS HINTER ZU WENIGEN VERKÄUFEN UND PARTNERN

In der heutigen Zeit verfügen Unternehmen über unzählige Möglichkeiten, ihre Produkte und Dienstleistungen zu vermarkten und zu verkaufen. Jedoch stehen viele Unternehmer und Online-Shops vor dem Dilemma, trotz ihrer hohen Produktqualität und der überzeugenden Vorteile nur eine geringe Anzahl an Partnern und Verkäufen zu verzeichnen. Dies führt oftmals zu Selbstzweifeln, der Frage nach dem Warum und manchmal auch zur Überarbeitung des Produkts. Aber liegt hier wirklich das Problem?

Ein gängiger Mythos: Das Produkt ist das Problem

Es ist nicht ungewöhnlich, dass Unternehmen oder einzelne Netzwerker den Fehler bei ihrem Produkt suchen. Die erste und oftmals auch verständliche Reaktion ist, das Produkt oder den Service zu hinterfragen. „Vielleicht ist es nicht gut genug?", oder „Vielleicht gibt es technische Mängel?" Aber in den meisten Fällen ist genau das nicht das Problem.

Informationsüberflutung: Der gute Vorteil wird zum Overkill

Ein anderes gängiges Missverständnis ist, dass möglicherweise die Vorteile des Produkts nicht klar genug kommuniziert werden. Dies führt dazu, dass viele Unternehmen und Verkäufer dazu neigen, potenzielle Kunden und Partner mit einer Flut von Informationen und Vorteilen zu bombardieren. Während diese Vorteile oft tatsächlich zutreffen, kann die schiere Menge an Informationen überwältigend sein. Dies kann den Entscheidungsprozess eines Interessenten verlangsamen oder sogar verhindern. Hier wird schnell klar: Zu viel des Guten kann kontraproduktiv sein.

Der entscheidende Moment: Die Kunst des Raumgebens

Ein häufig übersehener Punkt, der jedoch zu 99 Prozent die Hauptursache für das Problem ist, ist die Tatsache, dass viele Verkäufer ihren Interessenten zu viel Raum im entscheidenden Moment lassen. Auf den ersten Blick mag es so aussehen, als ob das Geben von Freiraum und Zeit eine respektvolle und menschliche Herangehensweise wäre, und das ist es oft auch. Aber in der Welt des Verkaufs und des Networkings kann dies ein entscheidender Fehler sein.

Viele Unternehmer glauben, dass sie durch das Geben von Raum und dem Unterlassen von Druck bei Interessenten einen besseren Ruf erlangen und dass sich die Menschen dadurch wohler fühlen und eher kaufen. Sie gehen davon aus, dass die „soft touch“ Methode der Schlüssel zum Erfolg ist. Aber in Wirklichkeit erzeugt diese Methode oft Unsicherheit und Zögern.

Warum zu viel Rücksichtnahme schadet

Menschen suchen beim Kauf oder bei einer Partnerschaft nach Sicherheit und Bestätigung. Wenn man ihnen zu viel Raum gibt, kann das als Unsicherheit oder sogar als Desinteresse interpretiert werden. Es erzeugt bei ihnen das Gefühl, dass sie allein gelassen werden, ohne klare Richtung oder Bestätigung.

Das bedeutet nicht, dass man aggressiv oder aufdringlich sein sollte. Aber es bedeutet, dass man Führung, Klarheit und Selbstbewusstsein zeigen sollte. Menschen wollen geführt werden, sie suchen nach Expertise und nach jemandem, der den Weg weist.

Das Gleichgewicht finden

Der Schlüssel liegt in einem Mittelweg. Es geht darum, dem potenziellen Partner oder Kunden genügend Informationen zu geben, ohne ihn zu überfordern. Es geht darum, Präsenz und Interesse zu zeigen, ohne übermäßigen Druck auszuüben. Es geht darum, klar und selbstbewusst zu sein, ohne aggressiv zu sein.

In der Geschäftswelt, besonders im Online-Handel und Networking, geht es darum, Vertrauen aufzubauen. Und Vertrauen entsteht, wenn man echtes Interesse zeigt, einen echten Wert bietet und dabei authentisch bleibt.

Fazit ▸

Zu wenige Verkäufe oder Partner sind nicht immer das Ergebnis eines fehlerhaften Produkts oder einer schlechten Präsentation. Oft liegt es daran, dass man den Menschen zu viel Raum im entscheidenden Moment gibt. Ein erfolgreiches Geschäft erfordert Balance und die Fähigkeit, Menschen effektiv zu führen, während man authentisch und respektvoll bleibt. Es ist eine Kunst, die erlernt und perfektioniert werden kann, und die den Unterschied zwischen mittelmäßigem und außergewöhnlichem Erfolg ausmachen kann.

DAS WAHRE POTENZIAL: WARUM DU DER SCHLÜSSEL ZU DEINEM ERFOLG BIST

In diesem Business ist es essenziell zu verstehen, dass nicht der Marketingplan oder die Qualität des Produktes die ausschlaggebenden Faktoren sind. Der entscheidende Bestandteil, der Dreh- und Angelpunkt des Ganzen, bist DU. Alles hängt von deinem Engagement, deinem Einsatz und deinem Glauben an dich selbst ab.

Viele Menschen versuchen, Erfolg auf externe Faktoren zurückzuführen. Sie suchen die Antworten im Außen, ohne zu realisieren, dass die wahren Antworten, die den Unterschied ausmachen, in ihrem Inneren liegen. In diesem Geschäftsfeld gibt es zwei Aspekte, die jeder verstehen muss. Ein altes Sprichwort bringt es auf den Punkt: „Alles, was du nicht kontrollieren kannst, ist eine Ablenkung."

Zuallererst gibt es deinen Wohlfühlkreis, deinen Komfortbereich. In ihm bewegst du dich Tag für Tag. Hierzu gehören deine täglichen Routinen, deine Freunde, Arbeitskollegen, dein Zuhause, die Familie und alles, was dir vertraut ist. Es ist dieser Bereich, in dem du Kontrolle hast, in dem du weißt, wie Dinge funktionieren, und in dem du dich sicher fühlst. Aber wenn du in diesem Bereich bleibst, wo ist dann der Raum für Wachstum? Wo ist der Raum für Neues?

Außerhalb deines Komfortbereichs existiert ein unendlich großes Feld von Möglichkeiten, das Feld des Unbekannten. Aber es ist auch das Feld, das du nicht direkt steuern kannst. Hier begegnen dir unerwartete Herausforderungen, unbekannte Situationen und unvorhergesehene Probleme. Der menschliche Instinkt neigt dazu, den Fokus auf das Unbekannte, das Unkontrollierbare zu richten. Was wird der Partner tun? Wie wird der Markt reagieren? Wird das Produkt ankommen oder zurückgeschickt? Was sagen die Leute hinter deinem Rücken? All das sind Faktoren, die du nicht direkt beeinflussen kannst.

Doch wenn du deine Energie auf das richtest, was du nicht kontrollieren kannst, verschwendest du sie. Du könntest sie stattdessen darauf verwenden, die beiden Dinge zu verbessern, die du tatsächlich beeinflussen kannst: Dein Mindset und dein Skillset.

Dein Mindset, deine Mentalität, beeinflusst, wie du die Welt siehst, wie du auf Herausforderungen reagierst und wie du Lösungen für Probleme findest. Eine positive, lösungsorientierte Mentalität kann den Unterschied zwischen Erfolg und Misserfolg ausmachen. Ein starkes Mindset gibt dir die Fähigkeit, Rückschläge als Lernmöglichkeiten zu sehen und weiterzumachen, auch wenn die Zeiten hart sind.

Dein Skillset sind die Fähigkeiten, die du in deinem Bereich entwickelt hast. Es ist das, was du tust, die Aktionen, die du ergreifst, und wie gut du sie ausführst. Eine ständige Weiterentwicklung deines Skillsets, durch Weiterbildung, Training und Praxis, ist unerlässlich, um an die Spitze deines Geschäftsfeldes zu kommen und zu bleiben.

Nun, warum ist es so, dass viele Menschen sich auf das konzentrieren, was sie nicht kontrollieren können, anstatt auf das, was sie können? Das hat oft mit der menschlichen Natur zu tun. Es ist einfacher, auf externe Faktoren zu zeigen und sie für das eigene Scheitern verantwortlich zu machen, als Verantwortung für das eigene Handeln zu übernehmen.

Es ist menschlich, an einem Punkt im Geschäftsleben zu stehen und zu bewerten, was heute oder morgen passiert. Jeder erlebt Tage, an denen alles schief zu gehen scheint, an denen Kunden abspringen, Geschäfte platzen und alles sich gegen einen zu wenden scheint. Doch in solchen Momenten ist es wichtig, einen Schritt zurückzutreten und sich auf das große Ganze zu konzentrieren.

Wenn du dich nur auf den gegenwärtigen Moment konzentrierst, verlierst du den Überblick über deine langfristigen Ziele und Ambitionen. Du darfst dich nicht von momentanen Rückschlägen entmutigen lassen. Das ist die Zeit, in der du deinen Blick heben und über den Tellerrand schauen musst.

Denn das hier ist der entscheidende Punkt: Stillstand ist tödlich. Wenn du nicht vorankommst, wenn du nicht wächst und dich nicht weiterentwickelst, fällst du zurück. Das bedeutet nicht, dass du jeden Tag riesige Fortschritte machen musst, aber du musst konstant in Bewegung bleiben.

Die Metapher der Sanduhr ist hier besonders treffend. Stell dir vor, die Zeit ist wie Sand, der langsam durch die schmale Mitte einer Sanduhr rieselt. Der Sand oben repräsentiert die zukünftige Zeit, der Sand unten die vergangene Zeit. Der fließende Sand in der Mitte, das ist der gegenwärtige Moment. Du kannst nicht verhindern, dass der Sand fließt, aber du kannst entscheiden, wie du diese fließende Zeit nutzt.

Wenn du denkst, dass du unendlich viel Zeit hast, wirst du sie verschwenden. Aber wenn du dir bewusst bist, dass die Zeit begrenzt ist, wirst du jeden Moment nutzen. Das ist der Schlüssel zur Motivation: das Bewusstsein, dass die Zeit vergeht und dass du die Wahl hast, wie du sie nutzt.

In diesem Business geht es darum, Träume in anderen zu wecken und sie zu inspirieren. Aber um andere inspirieren zu können, musst du zuerst dich selbst inspirieren. Das bedeutet, ständig an dir zu arbeiten, ständig zu lernen und ständig zu wachsen.

Daher, wenn du das nächste Mal vor einer Herausforderung stehst, wenn du dich entmutigt oder überwältigt fühlst, denke an die Sanduhr. Denke daran, dass die Zeit vergeht und dass du die Wahl hast. Entscheide dich dafür, voranzukommen, dich weiterzuentwickeln und das Beste aus jedem Moment zu machen.

In diesem Business, wie im Leben selbst, bist DU die entscheidende Variable. Es liegt alles in deinen Händen. DU machst den Unterschied zwischen Erfolg und Misserfolg. Also pack es an!

WAS BRAUCHST DU, UM ERFOLGREICH ZU WERDEN?

Wir werden häufig von einer Flut an Werkzeugen, Strategien und Techniken überflutet, die versprechen, uns im Business erfolgreich zu machen. Landingpages, Webseiten, Videomarketing, ein eigenes Buch, Webinare, E-Mail-Funnel – die Liste ist schier endlos. Die ständige Botschaft ist: „Investiere hier, kaufe das, und du wirst erfolgreich sein." Aber das ist nicht die ganze Wahrheit.

Warum Einfachheit zählt

Die Verwendung all dieser Tools kann ein Business tatsächlich verlangsamen. Jedes neue System, das in einen Prozess integriert wird, erfordert Zeit für das Erlernen, die Implementierung und die Fehlerbehebung. Ein kompliziertes System ist nicht nur schwer zu verwalten, sondern auch schwierig zu duplizieren. Das macht es für neue Mitglieder eines Teams oder Partnerschaften schwierig, sich schnell zu integrieren und in die Umsetzung zu kommen.

Vielmehr sollte das Geschäft auf der Prämisse der Einfachheit aufgebaut sein. Wenn ein Konzept oder eine Idee nicht einfach und klar ist, ist die Wahrscheinlichkeit groß, dass es nicht skaliert oder von anderen übernommen wird. Einfachheit schafft Klarheit, und Klarheit fördert Handlung.

Authentizität: Dein wertvollstes Kapital

Inmitten der Werkzeuge und Technologien liegt das wahre Geheimnis des Geschäftserfolgs in dir selbst. Es ist nicht das, was du hast oder was du kaufst, sondern wer du bist, was zählt. Authentizität hat in der Geschäftswelt einen unschätzbaren Wert. Die Menschen erkennen und schätzen Ehrlichkeit und Authentizität. Egal wie glänzend oder professionell eine Marketingkampagne aussieht, wenn sie nicht authentisch ist, wird sie nicht mit dem Publikum resonieren. Menschen verbinden sich mit Menschen, nicht mit Marken. Und die stärkste Verbindung, die man herstellen kann, ist durch die persönliche Story.

Deine Story: Das Herzstück deines Erfolges

Jeder von uns hat eine Geschichte. Wo warst du? Wo willst du hin? Was sind deine Träume, Ängste, Herausforderungen und Siege? Diese Geschichten sind es, die uns menschlich machen, die uns verbinden und uns von der Masse abheben.

Anstatt also in die nächste glänzende Marketingstrategie zu investieren, nimm dir die Zeit, in dich selbst zu investieren. Definiere und verfeinere deine persönliche Geschichte. Sie wird dein mächtigstes Werkzeug sein. Wenn du überzeugt von deiner Mission und deiner Geschichte bist, werden andere es auch sein.

Das Gespräch beginnen

Jetzt, da du deine Geschichte hast, erzähle sie. Erzähle sie jedem, der sie hören möchte. Beginne Gespräche, sei präsent auf Veranstaltungen, teile deine Geschichte in sozialen Netzwerken, aber vor allem: Sei echt.

Das Herzstück eines erfolgreichen Geschäfts sind die Beziehungen, die wir aufbauen, und Beziehungen basieren auf Vertrauen. Das Vertrauen wird durch Ehrlichkeit, Authentizität und Konsistenz aufgebaut.

Fazit ▸

Im Kern des Geschäftserfolgs liegt Authentizität: Sei du selbst, ehrlich und glaubwürdig, statt dich auf die neuesten Tools oder teuren Strategien zu verlassen. Diese Grundsätze führen nicht nur zu geschäftlichem Erfolg, sondern auch zu einem Leben voller echter Beziehungen und wahrem Wachstum.

DIE PRINZIPIEN IM NETWORKMARKETING

Networkmarketing ist ein Vertriebsmodell, das auf der Idee des Netzwerkens basiert, um Produkte oder Dienstleistungen zu verkaufen. Der Schlüssel zu einem erfolgreichen Business in dieser Branche liegt allerdings nicht im Verkauf, sondern vielmehr darin, ein Netzwerk von Vertriebspartnern aufzubauen. Es gibt einige grundlegende Prinzipien, die jedem helfen können, im Networkmarketing erfolgreich zu sein.

1. **Networkmarketing ist ein Vertriebsmodell – ein Geschäftsmodell**
   Es ist wichtig zu verstehen, dass Networkmarketing kein Hobby oder eine kurzfristige Möglichkeit ist, viel Geld zu verdienen. Es ist ein ernsthaftes Geschäftsmodell, das Engagement, „harte" Arbeit und Zeit erfordert. Der Erfolg kommt nicht über Nacht, aber mit der richtigen Strategie und Ausdauer kann man langfristig einen stabilen und wachsenden Einkommensstrom aufbauen.

2. **Wer Umsatz macht, hat recht!**
   Im Business gilt eine einfache Regel: Ergebnisse sprechen für sich. Diejenigen, die Umsatz generieren, zeigen, dass ihre Methoden funktionieren. Es ist wichtig, von den erfolgreichsten Mitgliedern in deinem Netzwerk zu lernen und ihre Strategien zu adaptieren. Es ist jedoch genauso wichtig, innovativ zu sein und eigene Strategien zu entwickeln, die auf die individuellen Stärken und den Markt abgestimmt sind.

3. **Erfolgsorientierte Menschen bilden sich in jedem Bereich immer weiter**
   Die Welt des Networkmarketings ist ständig in Bewegung. Neue Technologien, Produkte und Marketingstrategien entstehen laufend. Deshalb ist es unabdingbar, sich stetig weiterzubilden und auf dem neuesten Stand zu bleiben. Seminare, Workshops, Webinare und Bücher sind wertvolle Ressourcen.

4. **Erfolg ist das Zusammentreffen von Vorbereitung und Gelegenheit!**
   Es ist nicht genug, nur auf die richtige Gelegenheit zu warten. Erfolg erfordert Vorbereitung. Indem man sich regelmäßig weiterbildet, sein Netzwerk pflegt und sein Geschäft proaktiv vorantreibt, schafft man die Voraussetzungen, um die sich bietenden Chancen optimal zu nutzen.

5. **Arbeite täglich an Dir und Deiner eigenen Kontaktliste!**
   Jeder erfolgreiche Network-Marketer wird bestätigen: Die Kontaktliste ist das Herzstück des Geschäfts. Es ist wichtig, diese Liste ständig zu erweitern und zu pflegen. Genauso wichtig ist es jedoch, an sich selbst zu arbeiten. Persönliche Entwicklung, Selbstbewusstsein und Kommunikationsfähigkeiten sind Schlüsselelemente im Networkmarketing.

6. **Der richtige Ansatz macht den Unterschied**
   Es gibt verschiedene Wege, Kontakte zu knüpfen: Persönliche Kontakte, Empfehlungen, Social Media Direktkontakte, Messen, Veranstaltungen und Vereinsmitgliedschaften sind nur einige Möglichkeiten. Dabei muss jeder für sich entscheiden, welcher Ansatz am besten funktioniert. Für manche mag der warme Markt mit Freunden und Bekannten der ideale Startpunkt sein. Hier könnte eine Einladung zu einer Geschäftspräsentation der richtige Weg sein. Andere bevorzugen den kalten Markt, wo Erstkontakte aufgebaut werden müssen. In diesem Fall könnte ein Kennenlerngespräch gefolgt von der Vorstellung des Online-Shops und schließlich einer Geschäftspräsentation besser funktionieren.

Fazit ▶

Die Welt des Networkmarketing steckt voller Möglichkeiten. Der Schlüssel zum Erfolg liegt in der richtigen Kombination aus regelmäßigem Handeln, kontinuierlicher Weiterbildung, einem starken Netzwerk und der passenden Strategie. Der Zeitpunkt ist jetzt – niemand sollte später sagen müssen: „Hätte ich das nur gewusst!" Nutzen Sie die Gelegenheiten und gestalten Sie Ihre erfolgreiche Zukunft im Networkmarketing.

TIPPS FÜR EINEN ERFOLGREICHEN START

Der Weg zur Umsatzbeteiligung in einem Online-Shop ist nur ein Aspekt des größeren Bildes, das man als Geschäftsstrategie betrachten sollte. Ein erfolgreicher Start in dieser Branche – wie in jeder anderen auch – hängt von mehreren Faktoren ab. Einer der wichtigsten Aspekte dabei ist die Art und Weise, wie man mit anderen Menschen interagiert.

1. **Interessiere dich für andere Menschen**
   Menschen möchten gesehen und wertgeschätzt werden. Ein aufrichtiges Interesse an ihnen zu zeigen, bedeutet nicht nur Respekt, sondern schafft auch eine tiefe und bedeutungsvolle Verbindung, die für langfristige Geschäftsbeziehungen essenziell ist. Wenn du Menschen zeigst, dass du dich für ihr Wohlergehen interessierst, stärkst du das Vertrauen. Sprich nicht sofort über deinen Online-Shop, sondern versuche zunächst herauszufinden, ob die Person ein eigenes „Warum" für das Geldverdienen hat, oder ein anderes der drei G's.

2. **Höre zu, höre hin, was die Menschen dir sagen**
   Aktives Zuhören kann den Unterschied zwischen einem erfolgreichen und einem gescheiterten Geschäft ausmachen. Es ermöglicht dir, die Bedürfnisse deiner Kunden zu erkennen und darauf zu reagieren, was zu verbesserten Geschäftsbeziehungen und erhöhter Kundenzufriedenheit führen kann.

3. **Lass die Menschen wieder träumen**
   In einer Welt, die oft zynisch und desillusioniert erscheint, kann die Fähigkeit, Menschen zu inspirieren und ihnen Hoffnung zu geben, von unschätzbarem Wert sein. Dies kann nicht nur dazu beitragen, das Vertrauen der Menschen in dich und dein Unternehmen zu stärken, sondern auch ihre Loyalität fördern.

4. **Je mehr du redest, umso mehr Widerstand wird aufgebaut**
   Informationen zu übermitteln ist wichtig, aber der Schlüssel liegt in der Qualität, nicht in der Quantität. Die Kunst, präzise und klar zu kommunizieren, wird oft unterschätzt, ist aber von zentraler Bedeutung für den Erfolg.

5. **Rede einfach**
   Verwende einfache und klare Sprache. Menschen schätzen Transparenz und Direktheit, insbesondere in der Geschäftswelt.

6. **Rede nur, wenn jemand hören will, was du zu sagen hast**
   Respektiere die Zeit und die Grenzen anderer. Dies schafft eine Atmosphäre des Respekts und Vertrauens, die für erfolgreiche Geschäftsbeziehungen unerlässlich ist.

7. **Wecke Interesse**
   Storytelling kann ein mächtiges Werkzeug sein. Deine persönliche Geschichte und Erfahrung können als Inspirationsquelle für andere dienen und ihnen zeigen, dass sie auch erfolgreich sein können.

8. **Mache die Menschen neugierig**
   Ein kleines Geheimnis oder eine interessante Tatsache kann das Interesse der Menschen wecken und sie dazu bringen, mehr über dich und dein Geschäft wissen zu wollen.

9. **Nutze die Macht der 3. Person**
   Kennst du das Sprichwort „Der Prophet im eigenen Land ist nichts wert“? Bringe Menschen mit anderen erfolgreichen Menschen zusammen. Du wirst dich wundern, was passiert. Sie erhöhen die Glaubwürdigkeit und das Vertrauen in dein Unternehmen.

10. **Sei ein Vorbild**
    Lebe die Werte und Prinzipien, für die du stehst. Getreu dem Motto: Walk your Talk. Dies schafft Respekt und Vertrauen und zieht Menschen an, die ähnliche Werte teilen.

11. **Geschäftsstrategien**
    Eine klare Geschäftsstrategie und Vision sind essenziell, um Richtung zu geben und auf Kurs zu bleiben, wobei Möglichkeiten wie die Förderung von Einkommen in Haushalten, die Schließung der Rentenlücke, nachhaltige Unternehmensführung, personalisierte Angebote und Digitalisierung im Fokus stehen. Diese Strategien, unterstützt durch moderne Technologien und das Engagement für gesellschaftliche Verantwortung, ermöglichen es, ein Geschäftsmodell zu schaffen, das sowohl finanziell erfolgreich ist, als auch den Bedürfnissen der Kunden dient und zur Gesellschaft beiträgt.

12. **Glaube an dich**
    Dein Selbstvertrauen wird sich auf die Menschen um dich herum auswirken. Glaube an dich selbst, an dein Produkt und an deine Vision.

13. **Suche Vorbilder und Mentoren**
    Von den Erfahrungen und dem Wissen anderer zu lernen, kann deinen Weg erheblich verkürzen und viele Fallstricke vermeiden.

14. **Umgib dich mit Positivität**
    Eine positive Umgebung fördert Kreativität, Produktivität und allgemeines Wohlbefinden.

15. **Halte an deinen Träumen fest**
    Rückschläge sind Teil des Geschäftslebens. Lerne daraus und lass dich nicht entmutigen.

16. **Sei begeistert**
    Deine Begeisterung wird andere inspirieren und motivieren, mit dir zu arbeiten und deinem Beispiel zu folgen.

Indem du diese Tipps befolgst und den Menschen um dich herum echten Mehrwert bietest, legst du das Fundament für einen erfolgreichen Start und eine blühende Zukunft in der Welt des Online-Shops und darüber hinaus.

DIE VERBORGENE KRAFT DEINER TAGESZIELE UND DIE VIER STUFEN DER VISION

Es gibt viele Wege, sich ein Bild von der Zukunft zu machen: Visionen, Träume, langfristige Ziele, die sich über 5-10 Jahre erstrecken, mittelfristige Ziele für 3-5 Jahre, kurzfristige Ziele für das kommende Jahr und schließlich die ganz konkreten Ziele für den kommenden Monat. Diese vier Stufen bilden eine Leiter der Zielsetzung, auf der du dich selbst finden und hochklettern kannst.

Aber, und das ist völlig normal, viele Menschen tun sich schwer damit, Ziele und Visionen zu formulieren. Vielleicht bist auch du einer von ihnen. Vielleicht hast du dich in einer ruhigen Minute gefragt: „Was will ich eigentlich?" und fandest keine Antwort darauf. Das ist jedoch kein Grund zur Sorge. Tatsächlich ist es der erste Schritt, um herauszufinden, was du wirklich möchtest.

Beginne mit dem Heute

Wenn der Gedanke an einen Zehn-Jahres-Plan dich überfordert, dann leg ihn beiseite. Fokussiere dich auf das Jetzt. Die Fragen „Was kann ich heute tun?" oder „Was möchte ich im kommenden Monat erreichen?" sind oft einfacher zu beantworten und genauso wichtig.

Stell dir vor, du bist ein Bildhauer vor einem großen Steinblock. Bevor du die endgültige Skulptur siehst, beginnst du vielleicht mit einer groben Form und verfeinerst dann immer weiter. Genauso ist es mit deinen Zielen und Träumen.

Klare Tagesziele als Grundlage

Wenn du im Networking tätig bist, kann ein Tagesziel, wie eine bestimmte Anzahl von Kontakten zu knüpfen, schon einen großen Unterschied machen. Solch ein greifbares Ziel gibt dir nicht nur eine klare Richtung, sondern auch die Befriedigung, am Ende des Tages etwas erreicht zu haben.

Von den Tageszielen zur großen Vision

Durch die täglichen kleinen Erfolge, die du erzielst, wächst dein Selbstbewusstsein. Mit der Zeit wirst du feststellen, dass du bereit bist, größere Ziele in Angriff zu nehmen. Vielleicht entwirfst du einen Plan für das kommende Jahr oder sogar für die nächsten fünf Jahre. Und je mehr du erreichst, desto klarer wird auch die Vision von dem, was in zehn Jahren sein könnte.

Das Geheimnis des Erfolgs beim Aufbau von Filialen für deinen Online-Shop liegt nicht nur in der Klarheit deiner Vision, sondern auch in der Beharrlichkeit bei der Umsetzung. Viele Menschen starten mit großem Enthusiasmus und hohen Erwartungen, aber dieser Anfangseifer lässt oft nach, wenn die ersten Hindernisse auftreten. Der entscheidende Unterschied liegt darin, konsequent die täglichen Aufgaben zu verfolgen, wie beispielsweise die Pflege von Gesprächen.

Nehmen wir deinen neuen Online-Shop für Naturprodukte als Beispiel. Hierbei geht es nicht nur um den Verkauf von Produkten, sondern vor allem um den Aufbau von Beziehungen. Täglich deine Kontakte zu pflegen bedeutet, kontinuierlich neue Menschen kennenzulernen, bestehende Beziehungen zu vertiefen und vor allem dein Netzwerk ständig zu erweitern. Wenn du dieses einfache Prinzip des täglichen Netzwerkens über mehrere Wochen oder sogar Monate hinweg befolgst, wirst du feststellen, dass dein Geschäft wächst. Nicht nur die Anzahl der Personen, mit denen du in Kontakt stehst, sondern auch die Anzahl der Geschäftsabschlüsse und der Umsatz werden zunehmen. Die meisten erfolgreichen Networker werden bestätigen, dass ihre größten Erfolge nicht aufgrund einer einzigen großen Aktion oder eines einzelnen lukrativen Deals kamen, sondern aus der Summe vieler kleiner Aktionen und Entscheidungen.

Der digitale Markt ist heutzutage so gesättigt, dass es nicht mehr ausreicht, einfach nur ein tolles Produkt oder eine hervorragende Dienstleistung anzubieten. Was wirklich zählt, ist die Fähigkeit, sich kontinuierlich und authentisch mit potenziellen Kunden zu verbinden. Jeden Tag an deinem Online-Shop zu arbeiten, bedeutet, mit deinen Kunden zu kommunizieren, ihre Bedürfnisse zu verstehen und auf Feedback zu reagieren.

Was viele neue Unternehmer jedoch nicht realisieren, ist, dass es in den Anfangsphasen normal ist, sich unsicher oder überfordert zu fühlen. Es ist nicht ungewöhnlich, an sich selbst zu zweifeln, besonders wenn man noch keine konkreten Ziele hat oder sich nicht vorstellen kann, erfolgreich zu sein. An diesem Punkt kann eine schrittweise, überschaubare Vorgehensweise äußerst hilfreich sein. Statt sich auf das große Ganze zu konzentrieren, konzentriere dich auf die kleinen, täglichen Aufgaben. Jeder Kontakt, den du herstellst, ist ein weiterer Schritt in Richtung deines größeren Ziels.

Erfolg im Networkmarketing kommt selten über Nacht. Es erfordert Geduld, Ausdauer und regelmäßiges TUN. Aber indem du dich darauf konzentrierst, jeden Tag deine Kontakte zu machen und an deinem Geschäft zu arbeiten, wirst du ein solides Fundament schaffen, auf dem du aufbauen kannst. Und mit der Zeit wirst du feststellen, dass diese täglichen Bemühungen Früchte tragen und dass deine Vision, auch wenn sie anfangs unscharf war, mit jedem Tag klarer wird.

Die Realität ist leider, dass die meisten Menschen aufgeben, bevor sie den Erfolg erreichen, den sie sich wünschen. Es ist einfach, sich von Rückschlägen entmutigen zu lassen oder das Gefühl zu haben, dass man nie dorthin gelangen wird, wo man hin will. Aber diejenigen, die durchhalten, die konsequent an ihren Zielen dran bleiben und sich nicht von Zweifeln oder Hindernissen abhalten lassen, sind diejenigen, die schlussendlich triumphieren. Sei also einer von ihnen. Egal, ob du eine klare Vision hast oder nicht, konzentriere dich auf deine täglichen Kontakte, arbeite konsequent und erlaube dir zu träumen. Der Erfolg wird kommen, oft in Formen, die du dir zu Beginn nicht einmal vorstellen konntest.

DIE MACHT DER ÜBERLEGENHEIT UND STÄRKE IN DEINEM ALLTAG

In einer Welt, in der es oft so aussieht, als ob die Lautesten gewinnen, ist es eine seltene und geschätzte Fähigkeit, echte Überlegenheit und Stärke aus einer Position des Wissens, der Fähigkeit und des Selbstbewusstseins zu zeigen.

Zunächst ist es wichtig zu betonen, dass echte Überlegenheit niemals auf der Herabsetzung anderer basiert. Sie kommt aus dem Verständnis unserer eigenen Werte, aus dem Bewusstsein über unsere eigenen Fähigkeiten und aus dem Wunsch, das Beste aus uns selbst herauszuholen.

Die Grundlagen der Überlegenheit

Wahre Überlegenheit kommt aus dem Inneren. Sie basiert auf dem Verständnis, dass wir, egal wie gut wir in einem bestimmten Bereich sind, immer noch Raum für Wachstum und Verbesserung haben. Es geht darum, unsere eigenen Grenzen zu erkennen und kontinuierlich danach zu streben, diese Grenzen zu erweitern.

Es ist auch wichtig zu erkennen, dass Überlegenheit nicht gleichbedeutend mit Perfektion ist. Perfektion ist unerreichbar und ein ständiges Streben danach kann uns nur frustrieren. Überlegenheit hingegen geht darum, ständig zu wachsen und sich zu verbessern, sich selbst herauszufordern und dabei authentisch zu bleiben.

Stärke durch Handeln

Stärke zeigt sich oft in unseren Handlungen. Es geht nicht darum, sich vor Schwierigkeiten zu verstecken oder sich von einem „Nein“ entmutigen zu lassen. Es geht darum, trotz Widrigkeiten weiterzumachen, sich von Ablehnung nicht entmutigen zu lassen und weiterhin an die eigenen Ziele und Träume zu glauben.

Im Bereich des Networkmarketings, aber auch in vielen anderen Bereichen des Lebens, ist es nicht die schnelle Lösung oder der einfache Weg, der zum Erfolg führt. Es sind Hartnäckigkeit, Durchhaltevermögen und der Glaube an sich selbst, die uns wirklich erfolgreich machen.

Überlegenheit als Werkzeug für den Erfolg

Die Überzeugung von der eigenen Überlegenheit kann ein mächtiges Werkzeug für den Erfolg sein. Wenn du fest daran glaubst, dass du etwas Besonderes zu bieten hast, wirst du in der Lage sein, andere davon zu überzeugen. Es wird dir helfen, in Verhandlungen stärker aufzutreten, überzeugender zu präsentieren und selbst in schwierigen Situationen standhaft zu bleiben.

Es ist wichtig zu betonen, dass diese Überlegenheit nicht dazu führen sollte, dass man andere herabsetzt oder sich arrogant verhält. Es geht darum, sich seiner eigenen Stärken bewusst zu sein und diese effektiv einzusetzen.

Fazit ▸

Echte Überlegenheit und Stärke kommen aus dem Inneren. Sie basieren auf Wissen, Fähigkeiten und Selbstbewusstsein. Es geht nicht darum, andere herabzusetzen, sondern darum, das Beste aus sich selbst herauszuholen und sich ständig weiterzuentwickeln. Im Network Marketing und in anderen Bereichen des Lebens wird derjenige erfolgreich sein, der an sich glaubt, hart arbeitet und niemals aufgibt. Es ist die Kombination aus Überlegenheit und Stärke, die uns letztendlich zum Erfolg führen wird.

ENTSCHEIDUNGEN IM ALLTAG: DER SCHLÜSSEL ZU ERFOLG UND ZUFRIEDENHEIT

Eines der größten Probleme und einer der größten Erfolgsverhinderer besteht darin, dass die Menschen sich so schwertun, Entscheidungen zu treffen und von anderen Entscheidungen zu verlangen.

Viele Menschen weigern sich, Entscheidungen zu treffen. Dieses Zögern und das Verschieben von Entscheidungen ist nicht nur zeitraubend, sondern führt oft auch zu Unzufriedenheit und mangelndem Erfolg im Leben.

In unserem täglichen Leben begegnen uns ständig kleine und große Entscheidungsmomente. Hier sind einige alltägliche Beispiele:

a) **Das Buch:** Du siehst ein altes Buch im Regal und fragst dich, ob du es behalten oder vielleicht spenden solltest.
b) **Die Wäsche:** Ein Berg schmutziger Wäsche wartet darauf, gewaschen zu werden. Du überlegst, ob du die Wäsche jetzt waschen solltest oder ob es bis zum Wochenende warten kann.
c) **Der Anruf:** Du siehst einen verpassten Anruf von einem Freund auf deinem Handy. Solltest du sofort zurückrufen oder kann das warten?
d) **Die Meditation:** Du hast dir vorgenommen, regelmäßig zu meditieren. Aber wann? Solltest du jetzt meditieren, in der Mittagspause oder doch lieber am Abend vor dem Schlafengehen?

Die meisten Menschen kennen das Gefühl, eine Aufgabe ständig vor sich herzuschieben. Das ständige Nachdenken und Verschieben führt dazu, dass man sich jeden Tag aufs Neue schlecht fühlt. Denn es belastet, Dinge ständig unerledigt zu lassen.

Unser Alltag besteht aus einer endlosen Kette von Entscheidungen. Wenn wir uns davor drücken, diese Entscheidungen zu treffen, hoffen wir oft, dass die Umstände oder andere Menschen für uns entscheiden. Aber ist das die Eigenschaft einer Führungskraft?

Als Führungskraft ist es essenziell, schnelle und klare Entscheidungen zu treffen. Führungskräfte dürfen nicht zögern. Wenn man auf eine Antwort von jemandem wartet, sollte man nicht endlos warten. Vielleicht ist die Person dann nicht die richtige Wahl.

Es ist auch wichtig, von anderen Menschen Entscheidungen zu verlangen, vor allem, wenn es um wichtige Angelegenheiten geht, sei es im Geschäft mit Kunden oder Partnern. Man sollte am Ende eines Gesprächs eine Entscheidung fordern und sich nicht in die passive Rolle drängen lassen.

Natürlich ist es möglich, dass man hin und wieder eine falsche Entscheidung trifft. Aber das ist immer noch besser, als keine Entscheidung zu treffen und sich dadurch in eine passive Rolle zu begeben.

Fazit ▸

Zusammenfassend ist eines klar: Wenn man erfolgreich sein möchte, muss man Entscheidungen treffen und darf sich nicht vor ihnen drücken. Beginne heute damit, aktiv Entscheidungen zu treffen und fordere dies auch von den Menschen in deinem Umfeld. Damit legst du den Grundstein für ein erfolgreiches Leben.

WEGWEISER FÜR DEINEN ONLINE-SHOP: VOM FRAGEN UND ANBIETEN

Ich möchte dir eine Geschichte näherbringen, inspiriert von Mark Twains unvergesslichem Tom Sawyer, aber modernisiert für unsere heutige digitale Welt.

Stell dir vor, du müsstest als Strafe einen Zaun streichen, würdest aber viel lieber etwas anderes tun. Tom fand einen genialen Weg: Er strich den Zaun mit so viel Begeisterung, dass es wie das spannendste Abenteuer aussah. Sein Freund, der vorbeikam, bat ihn, auch streichen zu dürfen. Tom stellte es als besondere Ehre dar und ließ sich sogar dafür bezahlen. Am Ende saß er da und sah lächelnd zu, wie seine Freunde die Arbeit für ihn erledigten.

Was kannst du aus dieser Anekdote für deinen Online-Shop mitnehmen?

Es dreht sich alles um die Art und Weise, wie du Dinge präsentierst. Zeigst du, was du tust, als Belastung oder als wertvolle Chance? Strahlst du eine Haltung des Bittens oder des Anbietens aus?

Wenn du beispielsweise jemanden zu einem Online-Webinar einlädst, sagst du dann: „Schau mal rein, könnte interessant für dich sein?" Oder betonst du die Besonderheit und sagst: „Es gibt dieses unglaubliche Webinar. Normalerweise ist es teuer, aber ich habe einige exklusive Rabatte. Aber zögere nicht zu lange, die Plätze sind begrenzt!"

In einer Zeit, in der der digitale Markt wächst und die Welt der Online-Shops sich ständig verändert, kann es schwer sein, sich hervorzuheben und erfolgreich zu sein. Doch wie Mark Twains berühmte Geschichte von Tom Sawyer uns zeigt, gibt es immer Möglichkeiten, sich neu zu erfinden und die Dinge aus einer anderen Perspektive zu betrachten.

Die Geschichte von Tom und seinem Zaun ist mehr als nur eine Kindergeschichte; sie ist eine Lektion in Sachen Marketing, Präsentation und wie man Menschen dazu bringt, bei einer Sache mitzumachen, die sie ursprünglich nicht tun wollten.

Präsentation ist der Schlüssel

Wenn du einen Online-Shop betreibst, verkaufst du mehr als nur ein Produkt oder eine Dienstleistung. Du verkaufst eine Erfahrung, ein Gefühl, ein Versprechen. Das, was du verkaufst, ist nur so wertvoll, wie du es präsentierst. Tom hat nicht einfach nur einen Zaun gestrichen; er hat ein Abenteuer präsentiert, eine seltene Gelegenheit, die man nicht verpassen sollte.

Überlege also, wie du deine Produkte oder Dienstleistungen präsentierst. Sind sie nur eine weitere Option auf dem Markt, oder sind sie etwas Besonderes, Einzigartiges, das die Menschen unbedingt haben möchten?

Vom Bitten zum Anbieten

In der Welt des Online-Marketings gibt es einen feinen Unterschied zwischen „Bitten“ und „Anbieten“. Das Bitten fühlt sich oft zögerlich, unsicher und verzweifelt an. Das Anbieten hingegen vermittelt Selbstbewusstsein, Wert und Exklusivität.

Wenn du in der Position des Bittens bist, sagst du im Grunde: „Bitte kauf mein Produkt. Ich brauche den Verkauf.“ Aber in der Position des Anbietens sagst du: „Hier ist etwas Unglaubliches. Es könnte dir gefallen. Möchtest du es haben?“

Das erinnert an Tom, der nicht darum gebeten hat, dass seine Freunde ihm helfen; er hat ihnen die Gelegenheit angeboten, an etwas Spaßigem und Einzigartigem teilzunehmen.

Wie man das Anbieten im Online-Shop umsetzt

Nehmen wir an, du suchst jemanden, der das Potenzial eines Online-Shops mit Umsatzbeteiligung zur finanziellen Freiheit ebenso erkennt wie du. Wenn du jemanden darum bittest, sich dieser Idee anzuschließen, könntest du es so formulieren: „Mit meinem Online-Shop strebe ich finanzielle Freiheit an. Möchtest du das auch für dich nutzen?“

Bist du jedoch in der Rolle des Anbieters, könnte deine Formulierung so aussehen:

„Ich biete dir die Gelegenheit, durch einen Online-Shop finanziell unabhängig zu werden. Hast du Interesse?“

Exklusivität betonen

Ein weiterer Punkt, den Tom in seiner Geschichte meisterhaft eingesetzt hat, ist das Gefühl der Exklusivität. Er hat nicht nur das Streichen als spaßige Aktivität dargestellt, sondern auch als eine, die nicht jeder machen kann. In deinem Online-Shop könntest du das durch limitierte Angebote, Sondereditionen oder exklusive Rabatte umsetzen. Es geht nicht nur darum, den Leuten zu sagen, dass sie etwas kaufen sollen, sondern ihnen das Gefühl zu geben, dass sie etwas Besonderes bekommen, wenn sie es tun.

Fazit ▸

Toms Zaun-Strategie, die darin besteht, sich selbst und das Angebot optimal zu präsentieren und den Kunden ein Gefühl von Exklusivität und Einzigartigkeit zu vermitteln, lässt sich effektiv auf den modernen Online-Markt übertragen. Anstatt nur ein weiteres Produkt auf dem Markt anzubieten, geht es darum, wie Tom, eine begehrenswerte Erfahrung zu schaffen, die eine Beziehung und das Verlangen weckt, genau das zu besitzen, was im Leben fehlt – denn das ist es, was Menschen wirklich kaufen wollen.

ERSCHLIESSE TIEFERE VERBINDUNGEN DURCH GETEILTE LEIDENSCHAFTEN

Hast du schon einmal bemerkt, wie mächtig gemeinsame Interessen sein können, um uns miteinander zu verbinden? Diese Entdeckung kann unerwartete und tiefgreifende Verbindungen entstehen lassen, die oft länger andauern als flüchtige Bekanntschaften. Tauche mit mir in diese Idee ein und finde heraus, wie du sie in deinem Leben nutzen kannst.

Stell dir vor:
Du bist in einem gemütlichen Café in einer fremden Stadt. Du bemerkst jemanden neben dir, der ein Buch liest, das du kürzlich verschlungen hast. Ein kurzer Kommentar darüber, und schon befindest du dich in einem intensiven Gespräch über Literatur, Autoren und Bücher. Ein einfacher, gemeinsamer Nenner kann solche magischen Momente schaffen.

Als jemand, der sich vielleicht mit anderen vernetzen möchte, sind diese Begegnungen von unschätzbarem Wert, sowohl online als auch persönlich. Schauen wir uns einige andere Szenarien an:

- Angenommen, du liebst Wandern in den Bergen. In einem Wanderclub oder bei Bergtouren triffst du oft Menschen, die dieselbe Leidenschaft teilen. Es ist fast so, als gäbe es ein unsichtbares Band, das alle Wanderbegeisterten verbindet. Dieser Austausch über die besten Wanderwege oder gemeinsamen Erlebnisse kann der Beginn einer wunderbaren Freundschaft sein.

- Oder denk an spezialisierte Workshops, wie beispielsweise einen Töpferkurs. Wenn du dort teilnimmst, siehst du andere Teilnehmer, die genauso begeistert von der Kunst des Töpferns sind, wie du. Ihr tauscht euch aus, gebt einander Tipps und vielleicht arbeitet ihr sogar an gemeinsamen Projekten.

- Und es gibt immer jene Gruppen oder Interessen, die oft missverstanden oder stereotypisiert werden. Zum Beispiel, wenn du leidenschaftlich gerne Videospiele spielst und dich oft mit Vorurteilen konfrontiert siehst. Wenn du jedoch auf eine andere Person triffst, die dasselbe Hobby teilt, ist die sofortige Verbindung und das Verständnis oft sehr intensiv.

Es gibt unzählige solcher Interessen, sei es Kunst, Musikgenres, bestimmte Sportarten oder sogar seltene Sammlungen.

Was könntest du also tun, um von dieser Erkenntnis zu profitieren?

1) **Selbstanalyse:** Überlege dir, was genau deine Passionen sind. Wo könnten Gleichgesinnte zu finden sein? Es könnte in lokalen Clubs, Workshops, Online-Gruppen oder besonderen Veranstaltungen sein. Tauche mutig in diese Bereiche ein und sei offen für neue Begegnungen.

   Schreibe dir hier auf, was deine Passion ist:

2) **Planung:** Um die Fülle an Chancen optimal zu nutzen, beginne mit einer klaren Liste. Welche Gruppen oder Gemeinschaften könnten dich interessieren? Wo und wie könntest du dich engagieren? Ob online, persönlich oder beides, plane den ersten Schritt.

Schreibe es hier gleich auf:

Fazit ▸

Die Verbindung durch gemeinsame Interessen und Leidenschaften ist eine der stärksten und authentischsten. Sie bietet dir die Möglichkeit, tiefere Beziehungen zu knüpfen und dein soziales Netzwerk auf eine sinnvolle Weise zu erweitern. Nutze diese Chance!

ERFOLGSFORMEL: WIE MAN IN SEINEM ONLINE-SHOP MAXIMALE KUNDEN UND PARTNER GEWINNT

Heute sind Online-Shops nicht nur ein Trend, sondern eine Notwendigkeit. Jedoch stellt sich die Frage: Wie kann man möglichst viele Menschen davon überzeugen, Kunde zu werden oder sogar ihren eigenen Shop als Filiale zu eröffnen und mit dir zu kooperieren? Das Geheimnis liegt in der richtigen Berechnung und Strategie. In diesem Kapitel wird eine einfache, aber mächtige Erfolgsformel vorgestellt, die dir hilft, deinen Online-Shop zu optimieren und mehr Kunden und Partner zu gewinnen.

Die 3 Schlüsselkomponenten der Formel

1. **Tage:** Dies ist die festgelegte Anzahl von Tagen bis zum Ende deines Ziels. Es könnte ein spezielles Ereignis, ein Feiertag oder ein bestimmter Meilenstein in deinem Geschäftsplan sein.

2. **Partner:** Das sind die Menschen, die bereits mit dir zusammenarbeiten und deinen Shop aktiv unterstützen. Es können Freunde, Familie, Geschäftspartner oder sogar andere Shopbesitzer sein.

3. **Kontakte:** Dies ist die variable Anzahl von Menschen, die du oder deine Partner pro Tag erreichen können, sei es durch Mundpropaganda, Marketingkampagnen, soziale Medien oder andere Mittel.

Die Berechnung

Wenn du die oben genannten Faktoren kombinierst, ergibt sich folgende Formel:

Tage × (Partner+1) × Kontakte pro Tag = Gesamtzahl der Chancen/Kontakte

Wenden wir diese Formel nun auf die gegebenen Beispiele an.

Beispiel 1:

Angenommen, du hast:

- 90 Tage bis zum 31.12.
- 1 aktiven Partner
- 1 Kontakt pro Tag

Durch Anwenden der Formel ergibt sich:

$$90 \times (1+1) \times 1 = 180$$

Das bedeutet, dass du 180 Kontakte in 90 Tagen erreichen kannst. Und wenn wir von einer Erfolgsquote von 10 % ausgehen, werden 18 dieser Kontakte zu Kunden oder Partnern.

Beispiel 2:

In diesem Szenario hast du:

- 90 Tage bis zum 31.12.
- 2 aktive Partner
- 3 Kontakte pro Tag

Die Formel sagt uns:

$$90 \times (2+1) \times 3 = 810$$

Das bedeutet, dass du in 90 Tagen 810 Menschen kontaktieren kannst, und wenn 10 % von ihnen positiv reagieren, würden 81 von ihnen zu Kunden oder Partnern werden.

Was bedeutet das für dich?

Das Wichtigste zuerst: **Du musst dein Geschäft ernst nehmen** und kontinuierlich daran arbeiten, neue Kontakte zu knüpfen. Es reicht nicht aus, nur gelegentlich Interessenten anzusprechen. Konsequenz und Disziplin in der Umsetzung sind der Schlüssel zum Erfolg.

Dann ist da noch die Rolle deiner Partner. Das Schöne an dieser Formel ist, dass der Einfluss deiner Partner exponentiell wächst. Je mehr Partner du hast, desto mehr Kontakte kannst du potenziell erreichen. Das bedeutet auch, dass du ständig nach neuen Partnern Ausschau halten und sie fördern solltest.

Last but not least, sei immer ein Vorbild. Dein Team, deine Partner und Kunden schauen auf dich. Sie werden das nachahmen, was sie sehen. Wenn sie sehen, dass du engagiert, leidenschaftlich und konsequent in deinem Geschäft bist, werden sie inspiriert sein, dasselbe zu tun.

Fazit ▸

Dein Online-Shop ist nicht nur ein Geschäft, sondern auch eine Gemeinschaft. Durch kontinuierliches Engagement, den Aufbau eines starken Netzwerks von Partnern und das ständige Knüpfen von Kontakten kannst du nicht nur deinen Umsatz steigern, sondern auch eine loyale und engagierte Community aufbauen. Und mit der vorgestellten Erfolgsformel hast du nun das Werkzeug, um deinen Erfolg zu messen und ständig zu wachsen. Nutze es weise und du wirst sehen, wie sich deine Arbeit auszahlt!

Schreibe hier auf, wie deine Formel aussieht.

WIE SPRECHE ICH MIT MENSCHEN UND WARUM IST DAS SO WICHTIG FÜR DEN AUFBAU MEINES GESCHÄFTES.

Auf den nächsten Seiten wirst du erneut mit dem Thema konfrontiert: „Wie sprichst du mit Menschen". Du wirst feststellen, dass einige Inhalte dir bekannt vorkommen, da ich manche Punkte bewusst wiederhole. Dies ist kein Zufall. Ich möchte, dass du die Bedeutung dieser Aspekte wirklich verstehst. Kommunikation ist nicht nur ein Mittel zum Zweck, sondern ein Schlüssel zu tiefen menschlichen Beziehungen. Einige Prinzipien sind so grundlegend, dass sie es wert sind, mehrmals betont zu werden. Ich hoffe, durch die Wiederholung dieser Schlüsselkonzepte wird dir die Wichtigkeit und Tiefe des Themas noch bewusster. Mein Ziel ist es, dass du nicht nur die Grundsätze der Kommunikation verstehst, sondern sie auch in deinem Alltag umsetzt und lebst. Dadurch wirst du die wahre Kraft und den Wert von effektiver Kommunikation erkennen und schätzen lernen.

Interessiere Dich für andere Menschen

In einer digitalisierten Welt, in der wir durch den flimmernden Bildschirm von Computern und Handys kommunizieren, wo Emojis oft echte Emotionen ersetzen und soziale Netzwerke den falschen Anschein erwecken, dass wir „verbunden" sind, vergessen wir manchmal die Kraft des persönlichen Kontakts. Jede Person, mit der wir interagieren, sei es im Geschäftsleben, in sozialen Netzwerken oder im täglichen Leben, hat eine individuelle Lebensgeschichte – voll von Erfolgen, Niederlagen, Träumen und Enttäuschungen. Wenn wir lernen, dieses Band der Menschlichkeit zu erkennen und zu schätzen, öffnen sich uns völlig neue Perspektiven.

Menschen möchten gesehen und anerkannt werden. Nicht nur für ihre beruflichen Leistungen oder ihren Status, sondern für das, was sie im Innersten sind. Sie wollen, dass ihre Stimme gehört wird, dass ihre Meinungen und Gefühle Bedeutung haben. Ein ehrliches Interesse an jemandem zu zeigen, bedeutet nicht nur, Fragen zu stellen, sondern auch wirklich zuzuhören – ohne Vorurteile, ohne direkt eine eigene Meinung oder Lösung parat zu haben.

In der Geschäftswelt, wo die Zeit oft knapp ist und der Druck, Ergebnisse zu liefern, ständig steigt, kann es verlockend sein, sich nur auf Zahlen, Fakten und Deadlines zu konzentrieren. Doch hinter jeder E-Mail, jedem Vertrag und jedem Geschäftsanruf steht ein Mensch. Ein Mensch mit Ängsten, Hoffnungen und Ambitionen. Indem wir uns die Zeit nehmen, uns wirklich für diese Menschen zu interessieren, schaffen wir nicht nur ein besseres Arbeitsumfeld, sondern erhöhen auch unsere Chancen auf langfristige Geschäftserfolge.

In Geschäftsbeziehungen wird oft gesagt, dass es auf das Netzwerk ankommt. Und während Kontakte zweifellos wichtig sind, ist es die Qualität dieser Beziehungen, die den Unterschied ausmacht. Oberflächliche Verbindungen können in guten Zeiten nützlich sein, aber wenn es schwierig wird, sind es die tiefen, vertrauensvollen Beziehungen, die überdauern. Und der Grundstein für solch tiefe Beziehungen? Ein aufrichtiges Interesse am anderen.

Doch wie zeigen wir dieses Interesse? Es beginnt mit kleinen Gesten: Einem aufrichtigen Kompliment, einem echten Dankeschön oder der einfachen Frage: „Wie geht es dir wirklich?“. Es bedeutet, sich Zeit zu nehmen, nicht nur um zu reden, sondern auch um zuzuhören. Es bedeutet, sich in den anderen hineinzuversetzen, seine Perspektive zu verstehen und Empathie zu zeigen.

Zudem führt ein echtes Interesse an Menschen oft zu tiefgründigeren und bereichernden Gesprächen. Anstatt nur über das Wetter oder die neuesten Nachrichten zu sprechen, tauchen wir in die Welt des anderen ein, lernen von seinen Erfahrungen und teilen unsere eigenen.

Letztendlich bedeutet das Zeigen von Interesse an anderen, dass man ihnen grundlegenden Respekt entgegenbringt. Es drückt aus: „Ich schätze dich nicht nur für deine Handlungen, sondern auch für deine Persönlichkeit.“ In einer Welt, die oft oberflächlich und hektisch ist, ist dies eine wichtige Botschaft.

Zusammenfassend lässt sich sagen, dass echtes Interesse an anderen nicht nur für den Aufbau von Geschäftsbeziehungen unerlässlich ist, sondern auch für das tägliche Leben. Es bereichert unser Dasein, schafft tiefe, bedeutungsvolle Verbindungen und erinnert uns daran, dass trotz all unserer Unterschiede, im Herzen, wir alle menschlich sind.

HÖRE ZU, HÖRE HIN: DIE KUNST DES AKTIVEN ZUHÖRENS IM NETWORKMARKETING

In der facettenreichen Landschaft des Networkmarketings ist Kommunikation der Schlüssel zum Aufbau tiefer und bedeutungsvoller Beziehungen. Hier spielt das aktive Zuhören eine entscheidende Rolle, und es könnte der Unterschied zwischen einem flüchtigen Kontakt und einer langfristigen Geschäftsverbindung sein.

Stell dir vor, du triffst jemanden zum ersten Mal. Es ist ganz normal, über dein Geschäft sprechen zu wollen. Doch hier ist eine häufige Falle: Anstatt gleich über dein Geschäft zu reden, versuche zunächst, in seine Welt einzutauchen. Zeige authentisches Interesse an seinem Leben, seinen Interessen, Zielen und Träumen. Es geht darum, nicht nur zuzuhören, sondern wirklich aufmerksam zuzuhören.

Der Schlüssel ist, zuerst zu verstehen, bevor du versuchst, verstanden zu werden. Indem du dich zuerst in der Welt deines Gegenübers bewegst, baust du eine Verbindung und ein Vertrauen auf, das auf echtem Interesse und Verständnis basiert. Erst wenn du seine Welt kennst, ist der Moment gekommen, ihn in deine einzuladen. Dieser Ansatz wird nicht nur deine Beziehungen im Networkmarketing stärken, sondern auch deinen Respekt und deinen Wert in den Augen deines Netzwerks erhöhen.

Und warum ist dieses aktive Zuhören und Eintauchen in die Welt des anderen im Networkmarketing so entscheidend?

1. **Verbindung und Vertrauen:** Menschen wollen mit denen Geschäfte machen, die sie kennen, mögen und denen sie vertrauen. Indem du zuerst zuhörst, zeigst du, dass du dich wirklich für sie interessierst.

2. **Relevantere Angebote:** Wenn du die Welt deines Gegenübers kennst, kannst du besser beurteilen, wie und wo dein Business für ihn relevant sein könnte.

3. **Langlebigkeit in Beziehungen:** Menschen fühlen sich zu denen hingezogen, die ihnen zuhören. Solche Beziehungen sind oft beständiger und tiefer.

Fazit ▸

Zusammenfassend lässt sich sagen: In der Welt des Networkmarketings kann das aktive Zuhören den Unterschied ausmachen. Indem du lernst, zuerst die Welt deines Gegenübers zu betreten, bevor du ihn in deine einlädst, schaffst du eine solide Basis für eine erfolgreiche und erfüllende Geschäftsbeziehung. Es geht nicht nur darum, gehört zu werden, sondern auch darum, wirklich zuzuhören und zu verstehen.

LASS DIE MENSCHEN WIEDER TRÄUMEN: INSPIRATION UND HOFFNUNG IN EINER DESILLUSIONIERTEN WELT

Wir alle tragen Träume in uns. Als Kinder hatten wir eine lebhafte Fantasie und glaubten daran, dass alles möglich ist. Doch mit der Zeit werden viele von uns von den Realitäten des Lebens eingeholt. Wir stecken fest in Routinen, werden durch Enttäuschungen und Hindernisse desillusioniert und verlieren oft den Glauben an unsere tiefsten Wünsche und Hoffnungen.

Du, ja genau du, hast jedoch die Fähigkeit, diesem Trend entgegenzuwirken. Du kannst Menschen dazu inspirieren, wieder zu träumen, ihnen Hoffnung zu geben und ihnen zu zeigen, dass es immer Möglichkeiten gibt, ungeachtet dessen, was das Leben ihnen bisher gezeigt hat. Das Erwecken von Träumen kann nicht nur das Leben einer Person verändern, sondern auch tiefe Vertrauensverhältnisse und Loyalität aufbauen.

Denke an das letzte Mal zurück, als du aktiv zugehört und dich in die Welt einer anderen Person vertieft hast. Erinnerst du dich daran, wie du ihre Träume und Wünsche kennengelernt hast? Das ist dein Ausgangspunkt. Deine Aufgabe besteht nun darin, eine Brücke zwischen diesen Träumen und den Möglichkeiten, die dir bekannt sind, zu schlagen.

Nehmen wir das Beispiel des Reisens. Du triffst jemanden, der leidenschaftlich gerne reist, aber durch seine Arbeit so eingebunden ist, dass er kaum Zeit dafür findet. Hier könnte ein Gespräch wie folgt aussehen:

„Ich kann verstehen, dass du gerne reist, aber keine Zeit hast, weil du in deiner Arbeit so eingebunden bist. Was würdest du tun, wenn es eine Möglichkeit gäbe, die dir mehr Freiheit und Flexibilität bietet, um die Welt zu sehen und gleichzeitig ein Einkommen zu erzielen? Würde dich das interessieren?“

Durch diese Art von Gespräch verknüpfst du das, was du zu bieten hast, mit dem, was der andere wirklich will. Du weckst nicht nur seine Träume, sondern zeigst auch eine Lösung auf.

Aber es dreht sich nicht nur um das Geschäft. Es geht darum, anderen Menschen Zuversicht zu geben und ihnen zu zeigen, dass ihre Träume in Reichweite sind. Wenn du von deinen eigenen Erfahrungen erzählst, könntest du zum Beispiel sagen: „Weißt du, ich war einmal an dem Punkt, an dem du jetzt bist. Aber dann habe ich etwas gefunden, das mein Leben komplett verändert hat. Es ermöglichte mir nicht nur, meinen Traum zu verwirklichen, sondern auch anderen dabei zu helfen, dasselbe zu erreichen."

Die Macht solcher Geschichten liegt in ihrer Authentizität. Es geht nicht darum, etwas zu verkaufen, sondern darum, einen echten Unterschied im Leben der Menschen zu machen. Es geht darum, ihnen zu zeigen, dass es Möglichkeiten gibt, über das hinauszugehen, was sie für möglich gehalten haben.

In einer oft zynischen und desillusionierten Welt kannst du ein Leuchtfeuer der Hoffnung und Inspiration sein. Du kannst derjenige sein, der die Menschen daran erinnert, dass Träumen wichtig ist und dass es immer Wege gibt, diese Träume zu verwirklichen.

Lass die Menschen wieder träumen. Öffne ihre Augen für die unzähligen Möglichkeiten um sie herum. Teile deine eigenen Erfahrungen und zeige ihnen, dass Veränderung möglich ist. Wenn du das tust, wirst du nicht nur erfolgreich sein, sondern auch das Leben unzähliger Menschen bereichern. Es ist ein Geschenk, das weit über das Geschäftliche hinausgeht, ein Geschenk der Hoffnung, Inspiration und Veränderung.

Was sind deine Träume? Schreibe sie auf:

____

____

____

____

____

JE MEHR DU REDEST, UMSO MEHR WIDERSTAND WIRD AUFGEBAUT

Du erinnerst dich sicherlich an das leidenschaftliche Gespräch über Träume und Hoffnungen, in dem du die Menschen wieder zum Träumen gebracht hast. Jetzt, wo du ihre Aufmerksamkeit hast, ist die Art, wie du kommunizierst, entscheidend. Es ist ein Trugschluss, dass mehr Reden überzeugender macht – oft ist das Gegenteil der Fall. Überflüssige Worte können die Botschaft verwässern und Widerstand hervorrufen.

Betrachte das Gespräch als Reise, bei der du der Führer bist. Abschweifungen können den Begleiter ermüden und das Interesse schmälern. Ziel ist es, den Weg klar und präzise zu gestalten.

Im Networkmarketing, wo Beziehungen und Kommunikation zentral sind, ist die Fähigkeit zur präzisen Kommunikation unschätzbar. Qualität zählt mehr als Quantität.

Fazit ▸

Denke daran, es geht nicht nur darum, gehört, sondern verstanden zu werden. Lerne, präzise und klar zu kommunizieren, um in Geschäftsgesprächen erfolgreicher zu sein und tiefere Beziehungen zum Team und Kunden aufzubauen. In einer Welt, in der viele sprechen, aber wenige gehört werden, kann deine Fähigkeit zur klaren Kommunikation der Schlüssel zu Verständnis und Erfolg sein. Der Kunde soll erkennen, dass du genau weißt, wovon du sprichst.

DAS POTENZIAL DER BESTEN FREUNDE: VERDOPPLE DEINE REICHWEITE DURCH PERSÖNLICHE BINDUNGEN

Wenn es darum geht, Menschen für deine Präsentation oder einen Fachvortrag zu gewinnen, denkst du vielleicht zunächst nur an den einen Interessenten vor dir. Doch, erinnerst du dich an das letzte Kapitel und die präzise Kommunikation? Ein kurzer Satz kann hier den entscheidenden Unterschied machen und deine Reichweite enorm erweitern.

Stell dir vor, du führst ein Gespräch, und es läuft gut. Dein Gesprächspartner zeigt Interesse, und du hast das Gefühl, dass du ihn für deine Präsentation gewinnen kannst. Jetzt, da ihr beide eine gewisse Verbindung aufgebaut habt, ist es an der Zeit, den nächsten Schritt zu gehen: „Hast du jemanden im Sinn, den du gerne zur Präsentation oder zum Vortrag mitbringen möchtest? Es kann noch angenehmer für dich sein, wenn du jemanden dabei hast, den du gut kennst. Ich werde gerne sicherstellen, dass deine Begleitperson (auch) kostenlos teilnehmen kann."

Wie magisch diese Frage wirken kann! Die meisten Menschen haben einen besten Freund, eine beste Freundin, einen Kumpel oder eine Vertrauensperson, mit der sie gerne wichtige Ereignisse teilen. Indem du diese Frage stellst, öffnest du das Tor für eine doppelte Chance, dein Geschäft zu präsentieren. Und hier liegt der wahre Schatz.

Warum funktioniert das so gut?

1. **Vertrauen durch Freundschaft:** Wenn jemand seinen besten Freund oder eine vertraute Person mitbringt, gibt es bereits ein grundlegendes Vertrauensverhältnis. Dieses Vertrauen kann sich positiv auf die Aufnahme deiner Botschaft auswirken.

2. **Gemeinsame Entscheidungsfindung:** Menschen neigen dazu, Entscheidungen leichter zu treffen, wenn sie jemanden an ihrer Seite haben, den sie kennen und dem sie vertrauen.

3. **Erhöhte Chance auf Empfehlungen:** Selbst wenn der ursprüngliche Interessent sich entscheidet, nicht weiterzumachen, könnte die mitgebrachte Person immer noch interessiert sein und sogar zusätzliche Personen aus ihrem eigenen Netzwerk einbringen.

Natürlich funktioniert diese Methode nicht immer, aber sie bietet eine großartige Möglichkeit, die Anzahl der Personen zu erhöhen, denen du dein Geschäft vorstellst. Denk daran, im Networkmarketing ist Quantität oft der Schlüssel zur Qualität. Je mehr Menschen du erreichst, desto größer ist die Wahrscheinlichkeit, dass du die richtigen Personen für dein Geschäft findest.

Wenn du dies regelmäßig in deine Gespräche einbaust, wirst du feststellen, dass deine Präsentationen und Vorträge besser besucht werden. Dies schafft nicht nur eine dynamischere und energetischere Atmosphäre, sondern auch ein größeres Potenzial für dein Geschäftswachstum.

Fazit ▸

Zusammenfassend lässt sich sagen: Unterschätze nie die Kraft von persönlichen Beziehungen und Bindungen. Durch das Einladen von Begleitpersonen erweiterst du dein Netzwerk exponentiell und erhöhst deine Chancen auf Erfolg im Networkmarketing. Also, beim nächsten Mal, wenn du vor einem Interessenten stehst, denke daran, ihn nach seiner besten Begleitung zu fragen. Du könntest überrascht sein, wie weit diese einfache Frage dich bringen kann!

REDE EINFACH: DIE MACHT DER KLAREN KOMMUNIKATION

Wir neigen oft dazu, in komplizierten Worten und langen Sätzen zu sprechen. Aber erinnerst du dich an das letzte Kapitel, in dem wir besprochen haben, wie man seine Reichweite mit einer einfachen Frage verdoppeln kann? Das Gleiche gilt für die Art und Weise, wie wir miteinander sprechen. Menschen mögen es, wenn man klar und direkt ist, vor allem in einer Zeit, in der sie von Informationen überflutet werden.

Warum sollte man einfach sprechen?

1. **Vertrauen aufbauen:** Wenn du in einfacher Sprache sprichst, verstehen die Menschen dich besser und fühlen sich respektiert.

2. **Missverständnisse vermeiden:** Je einfacher du sprichst, desto weniger Missverständnisse gibt es.

3. **Zeit sparen:** Klar und einfach zu kommunizieren, spart Zeit für dich und deine Gesprächspartner. Du kommst schneller auf den Punkt und kannst effizientere Gespräche führen.

Wie spricht man einfach?

- **Kein Fachjargon:** Vermeide es, komplizierte Fachbegriffe zu verwenden, die nicht jeder kennt. Erkläre Dinge in einfachen Worten.

- **Direkt sein:** Komm sofort zur Sache. Lange Einleitungen sind nicht nötig.

- **Aktive Sprache verwenden:** Sag lieber „Ich habe entschieden“ statt „Es wurde entschieden“. Das zeigt Klarheit und Verantwortung.

- **Frage nach Feedback:** Um sicherzustellen, dass dich die Leute verstehen, frage nach ihrem Feedback oder ob sie Fragen haben.

Das Schöne an einfacher Kommunikation ist, dass sie die Menschlichkeit in den Vordergrund stellt. Menschen wollen sich verstanden und geschätzt fühlen. Wenn du komplexe Themen einfach erklären kannst, wirkst du vertrauenswürdiger und kompetenter.

Einfache Kommunikation im Networkmarketing

Besonders im Networkmarketing, wo persönliche Beziehungen wichtig sind, ist einfaches Sprechen ein großer Vorteil. Wenn du über dein Geschäft sprichst, möchtest du, dass die Leute sofort verstehen, was du anbietest. Komplizierte Erklärungen können abschreckend wirken.

Denke daran, du musst nicht mit Fachbegriffen glänzen. Du möchtest Beziehungen aufbauen und Menschen für dein Geschäft gewinnen. Einfache Kommunikation zeigt Respekt und Empathie. In einer komplexen Welt kann einfaches Sprechen der Schlüssel zum Erfolg sein. Beim nächsten Mal, wenn du sprichst, denke daran: Sprich einfach.

Interesse wecken:
Die Kunst des Geschichtenerzählens

Geschichten haben eine besondere Kraft. Sie fesseln Menschen, wecken Emotionen und schaffen Verbindungen. Im letzten Kapitel haben wir darüber gesprochen, wie wichtig einfache Kommunikation ist. Aber wie kannst du klare Kommunikation nutzen, um fesselnde Geschichten zu erzählen? Das ist das Geheimnis des Geschichtenerzählens im Networkmarketing.

Warum Geschichtenerzählen?

1. **Verständlich:** Menschen lieben Geschichten, die sie nachvollziehen können. Deine eigene Geschichte, ob mit Erfolgen oder Hindernissen, kann andere inspirieren.

2. **Vertrauensbildend:** Wenn Menschen deine Geschichte hören, lernen sie dich besser kennen. Das schafft Vertrauen, was im Networkmarketing wichtig ist.

3. **Unvergesslich:** Geschichten bleiben im Gedächtnis, Fakten nicht. Eine gut erzählte Geschichte bleibt länger haften als eine Liste von Produktvorteilen.

Deine Geschichte als Inspiration

Stell dir vor, du möchtest dein Online-Shop-Geschäft vorstellen. Anstatt mit Zahlen und Fakten anzufangen, teilst du deine eigene Erfahrung: „Vor einiger Zeit suchte ich nach neuen Möglichkeiten. Dann entdeckte ich einen Online-Shop für Naturprodukte. Anfangs war ich skeptisch, aber dann begann ich, Zugänge zu meinem Shop zu verteilen und eröffnete mehrere Filialen. Jetzt verdiene ich Geld damit. Das hat mein Leben verändert."

Auf diese Weise gibst du anderen einen Einblick in dein Geschäft und in deine persönliche Reise.

Tipps für erfolgreiches Geschichtenerzählen

1. **Authentisch sein:** Die besten Geschichten sind ehrlich. Übertreib nicht oder erfinde Dinge.

2. **Emotionen betonen:** Erzähle, wie du dich gefühlt hast, als du anfingst, oder wie du dich jetzt fühlst. Emotionen machen eine Geschichte lebendig.

3. **Klar und präzise sein:** Halte dich an die wichtigsten Punkte deiner Geschichte.

4. **Handlungsaufforderung:** Am Ende deiner Geschichte sollte deine Botschaft inspirieren, sei es, sich dir anzuschließen, Fragen zu stellen oder das Produkt auszuprobieren.

Fazit ▶

Denke daran, jeder hat eine Geschichte. Deine Erfahrungen können für andere inspirierend sein. Im Networkmarketing geht es nicht nur um den Verkauf von Produkten, sondern auch um den Aufbau von Beziehungen. Und nichts fördert Beziehungen mehr als das Teilen persönlicher Geschichten. Beim nächsten Mal, wenn du jemanden für dein Geschäft interessieren möchtest, erzähle einfach deine Geschichte.

REDE NUR, WENN JEMAND HÖREN WILL, WAS DU ZU SAGEN HAST: RESPEKT UND VERTRAUEN SCHAFFEN

Das Erzählen von Geschichten kann ein mächtiges Werkzeug sein, wie wir im letzten Kapitel gesehen haben. Doch ebenso wichtig wie das Erzählen selbst ist zu wissen, wann man sprechen sollte und wann man besser schweigt. In der heutigen schnelllebigen Welt ist Zeit ein wertvolles Gut. Jeder Moment, den wir mit jemandem teilen, ist kostbar. Daher ist es entscheidend, diese Momente mit Respekt und Achtsamkeit zu behandeln.

Du hast sicherlich schon einmal eine Situation erlebt, in der jemand unaufgefordert und endlos über ein Thema gesprochen hat, das dich überhaupt nicht interessiert hat. Solche Gespräche können ermüdend und sogar respektlos erscheinen. Sie zeigen, dass die sprechende Person nicht wirklich darauf achtet, was ihre Zuhörer fühlen oder denken.

Jetzt stell dir vor, du befindest dich in einer ähnlichen Situation. Bevor du beginnst, über ein Thema zu sprechen, das dir am Herzen liegt, frage dich: „Ist mein Gegenüber wirklich daran interessiert?“ Ein einfacher Satz wie „Interessiert dich so etwas?“ kann den Unterschied ausmachen. Er gibt deinem Gegenüber die Möglichkeit, sein Interesse oder Desinteresse auszudrücken, und gibt dir die Legitimation, zu sprechen.

Durch solch eine einfache Frage zeigst du Respekt für die Zeit und die Grenzen deines Gegenübers. Du gibst ihm die Kontrolle darüber, ob er mehr hören möchte oder nicht. Das schafft eine Atmosphäre des Vertrauens und der Wertschätzung.

Wenn die Antwort „Ja“ lautet, hast du grünes Licht. Du kannst sicher sein, dass dein Zuhörer an dem, was du zu sagen hast, wirklich interessiert ist. Dies wird das Gespräch fruchtbarer und erfüllender für beide Seiten machen. Wenn die Antwort „Nein“ oder „Vielleicht später“ lautet, dann danke deinem Gesprächspartner für seine Ehrlichkeit und ändere das Thema oder gib ihm Raum. Das mag sich in dem Moment enttäuschend anfühlen, aber langfristig wird es die Beziehung stärken. Es zeigt, dass du die Gefühle und Bedürfnisse des anderen wertschätzt.

In der Kommunikation geht es nicht nur darum, gehört zu werden. Es geht darum, Verbindungen herzustellen, Verständnis aufzubauen und Respekt zu zeigen. Es geht darum, dem anderen zu zeigen, dass er wichtig ist und dass seine Meinung zählt.

Die goldene Regel „Behandle andere so, wie du selbst behandelt werden möchtest" gilt auch hier. Wenn du selbst nicht stundenlang über ein Thema sprechen möchtest, welches dich nicht interessiert, warum solltest du dasselbe von jemand anderem erwarten?

Zusammenfassend lässt sich sagen: Wahre Kommunikation erfordert nicht nur das Sprechen, sondern auch das Zuhören. Indem du dir die Zeit nimmst, die Bedürfnisse und Grenzen deines Gegenübers zu respektieren, schaffst du eine solide Grundlage für eine ehrliche und offene Kommunikation. Und indem du sicherstellst, dass dein Zuhörer wirklich hören möchte, was du zu sagen hast, machst du jedes Gespräch bedeutungsvoll und wertvoll.

In einer Welt, in der jeder eine Meinung hat und die sozialen Medien es uns ermöglichen, ständig zu sprechen, wird das wahre Geschenk oft darin gesehen, wirklich zuzuhören und den richtigen Moment zum Sprechen zu finden. Indem du dich dieser Kunst des bewussten Kommunizierens widmest, setzt du dich von der Masse ab und baust tiefere, authentischere Beziehungen auf.

Denke daran, dass nicht jedes Schweigen unangenehm ist. Oftmals bietet ein Moment des Schweigens Raum für Reflexion und tiefere Gedanken. Anstatt das Schweigen mit unnötigen Worten zu füllen, lerne, es zu schätzen. Lerne in der Stille die subtilen Signale deines

Gegenüber zu erkennen. Ein Nicken, ein Lächeln, ein nachdenklicher Blick – all diese kleinen Gesten können mehr sagen als tausend Worte.

Es ist auch wichtig zu betonen, dass das Zuhören nicht bedeutet, einfach still zu sein, während jemand spricht. Aktives Zuhören erfordert Konzentration, Empathie und das Bemühen, wirklich zu verstehen, was die andere Person sagt. Es geht darum, die Emotionen, die hinter den Worten liegen, zu erkennen und darauf zu reagieren.

Außerdem gibt es Zeiten, in denen das Teilen deiner Meinung oder Geschichte notwendig ist, selbst wenn dein Gegenüber nicht explizit danach gefragt hat. In solchen Momenten ist es wichtig, deine Worte sorgfältig zu wählen und die Botschaft so zu vermitteln, dass sie Respekt und Verständnis zeigt. Stelle sicher, dass du nicht nur sprichst, um gehört zu werden, sondern auch, um eine positive Wirkung zu erzielen.

Abschließend möchte ich betonen, dass die Kunst des Kommunizierens einer ständigen Lernkurve unterliegt. Wir alle machen Fehler. Wir alle haben Momente, in denen wir zu viel sprechen oder nicht genug zuhören. Aber indem wir uns bemühen, bewusst und respektvoll zu kommunizieren, können wir die Qualität unserer Interaktionen von Mal zu Mal verbessern und tiefergehende Verbindungen mit den Menschen um uns herum schaffen.

Fazit ▸

Denk immer daran: Es ist nicht immer notwendig, das letzte Wort zu haben oder ständig im Mittelpunkt zu stehen. Manchmal ist das größte Geschenk, das du jemandem machen kannst, einfach zuzuhören, zu verstehen und im richtigen Moment die richtigen Worte zu finden.

DAS GEHEIMNIS DES INTERESSES: WIE DU MENSCHEN DURCH NEUGIERDE FÜR DEINEN ONLINE-SHOP GEWINNEN KANNST

Du weißt, wie fesselnd Neugier sein kann. Sie treibt dich an, immer wieder Neues zu entdecken und zu erfahren. Aber wie nutzt du diese Neugierde, um andere für deinen Online-Shop zu begeistern? Hier ein Vorschlag, wie du diese Neugierde wecken und nutzen kannst:

Stell dir vor, du triffst dich mit einem alten Bekannten in einem Café. Du plauderst ein wenig, und plötzlich sagst du: „Hast du es schon gehört? Ich baue mir gerade ein völlig neues Geschäft auf!“ Dein Bekannter sieht dich überrascht an, das Interesse ist geweckt. „Wirklich? Erzähl mir mehr!“

Du lächelst und fährst fort: „Ja, ich habe gerade meinen eigenen Online-Shop gestartet. Es ist so spannend, die verschiedenen Produkte auszusuchen und Kunden aus der ganzen Welt zu bedienen. Aber das Beste ist, ich erweitere gerade mein Team. Ich suche nach Menschen, die auch ihren eigenen Online-Shop haben möchten und dabei Geld verdienen wollen. Kennst du vielleicht jemanden?“

Dein Bekannter denkt nach. Die Neugierde, kombiniert mit dem Angebot, einen eigenen Shop zu starten, lässt ihn nicht mehr los. „Vielleicht würde das ja auch etwas für mich sein“, sagt er schließlich. „Oder zumindest kenne ich ein paar Leute, die daran interessiert sein könnten.“

Du hast es geschafft. Du hast die Neugierde und das Interesse deines Bekannten geweckt und gleichzeitig dein Business vorgestellt. Ein echter Win-win!

Das Geheimnis ist, Neugierde gezielt zu nutzen. In Kombination mit einer spannenden Geschichte und einem interessanten Angebot kannst du Menschen effektiv für dein Business gewinnen. Also, warum nicht gleich heute damit starten und die Magie der Neugierde für deinen Online-Shop nutzen? Es lohnt sich!

DIE MACHT DER EMPFEHLUNG: GESCHICHTEN DRITTER ALS VERTRAUENSBRÜCKE

Dein eigener Enthusiasmus und Glaube an dein Geschäft sind unersetzlich. Doch oft reicht das allein nicht aus, um das Vertrauen von potenziellen Kunden oder Partnern zu gewinnen. Menschen neigen dazu, Meinungen und Erfahrungen anderer mehr zu vertrauen, insbesondere wenn es sich um Dritte handelt, die keinen direkten Vorteil aus einer Empfehlung ziehen. Das ist die sogenannte Macht der dritten Person.

Erinnerst du dich an das Gespräch im Café? Wo du von deinem Online-Shop und der Möglichkeit erzählt hast, ein eigenes Team aufzubauen? Jetzt stell dir vor, dass während dieses Gesprächs ein anderer Café-Besucher, den du nicht kennst, sich einklinkt und sagt: „Entschuldige, dass ich mich einmische, aber ich habe von diesem Geschäftsmodell gehört. Ein guter Freund von mir hat vor einigen Monaten damit begonnen und ist jetzt unglaublich erfolgreich. Er schwärmt ständig davon und hat mir sogar gezeigt, wie viel er verdient hat. Es ist wirklich beeindruckend!"

Dein Gegenüber, der zuvor noch skeptisch war, horcht nun auf. Die Worte des Unbekannten haben eine gewisse Schlagkraft, denn dieser Mann hat keinen offensichtlichen Grund, euch anzulügen. Er ist nicht parteiisch, hat keinen Profit aus eurem möglichen Geschäft. Er teilt nur eine Erfahrung, die er durch einen Dritten gemacht hat.

Diese Situation zeigt deutlich, wie kraftvoll die Empfehlung oder Erfahrung eines Dritten sein kann, insbesondere wenn sie ungeplant und unerwartet kommt. Das Hinzufügen einer solchen Perspektive in dein Verkaufsgespräch kann Wunder wirken, besonders wenn sie von jemandem kommt, der erfolgreich ist oder als vertrauenswürdig angesehen wird.

Vor allem in der Geschäftswelt sind Empfehlungen Gold wert. Wenn du potenzielle Partner oder Kunden mit erfolgreichen Geschäftsleuten zusammenbringst, die bereits von deinem Produkt oder Service profitiert haben, steigt das Vertrauen in dein Angebot rapide. Sie denken: „Wenn es für diese erfolgreiche Person funktioniert hat, warum sollte es dann nicht auch für mich funktionieren?“

Es ist jedoch wichtig zu betonen, dass die Geschichten und Empfehlungen, die du teilst, authentisch und wahr sein sollten. Die heutige Gesellschaft ist sehr vernetzt, und falsche Informationen oder Übertreibungen können sich schnell gegen dich wenden. Ehrlichkeit und Transparenz sind hier der Schlüssel.

Nehmen wir an, in deinem Team gibt es bereits einige Leute, die erfolgreich mit dem Online-Shop Geld verdienen. Teile ihre Geschichten! Ermutige sie vielleicht, eigene Erfahrungsberichte oder Testimonials zu schreiben. Fotos von Teammeetings, Workshops oder anderen Veranstaltungen können auch dabei helfen, den Teamgeist und den Erfolg sichtbar zu machen.

Und wenn du die Chance bekommst, bringe Interessenten direkt mit diesen erfolgreichen Teammitgliedern in Kontakt. Ein direkter Austausch kann oft viel mehr bewirken als eine nacherzählte Geschichte.

Denk immer daran: Menschen kaufen von Menschen. Und wenn sie sehen, dass andere Menschen – insbesondere solche, die sie respektieren oder bewundern – von einem Produkt oder einer Dienstleistung profitiert haben, sind sie viel eher geneigt, selbst den Sprung zu wagen.

Fazit ▸

Zusammenfassend kann gesagt werden, dass das Einbringen der Perspektiven und Erfahrungen Dritter in deine Geschäftsstrategie ein unglaublich mächtiges Werkzeug sein kann. Es baut nicht nur Vertrauen und Glaubwürdigkeit auf, sondern zeigt auch die realen, greifbaren Ergebnisse, die durch dein Angebot möglich sind. Also, warum nicht diese Macht nutzen und dein Unternehmen auf das nächste Level bringen?

AUTHENTIZITÄT, WERTE UND KONSISTENZ: SEI EIN MAGNET FÜR ANDERE

Es gibt Menschen, zu denen wir uns hingezogen fühlen, ohne genau zu wissen, warum. Es ist, als würden sie ein unsichtbares Magnetfeld um sich herum haben. Bei näherer Betrachtung fällt auf, dass es oft ihre Ehrlichkeit und ihre Authentizität sind, die sie so anziehend machen. Sie strahlen eine Art von Zuversicht und Sicherheit aus, weil sie genau wissen, wer sie sind und wofür sie stehen.

Stelle dir vor, du betrittst einen Raum und die Menschen drehen sich zu dir, weil du diese besondere Art von Energie ausstrahlst. Keine aufgesetzte Fassade, keine Maske – nur du selbst, in deiner reinsten Form. Das klingt verlockend, nicht wahr? Aber wie erreicht man diesen Punkt der Selbstsicherheit?

Zunächst einmal ist es wichtig, sich selbst zu kennen. Was sind deine Werte? Was sind deine Prinzipien? Wenn du für Nachhaltigkeit stehst, dann lebe diese Überzeugung auch. Das könnte bedeuten, dass du beim Einkaufen stets auf umweltfreundliche Produkte achtest oder in deinem Alltag versuchst, Müll zu reduzieren. Das klingt simpel, aber du wirst überrascht sein, wie viele Menschen es bemerken werden.

Die Menschen spüren es, wenn du authentisch bist. Es gibt kein stärkeres Zeugnis für deine Überzeugungen, als sie selbst zu leben. Und das Schöne daran ist, dass es ansteckend wirkt. Indem du deine Werte lebst und sie nach außen trägst, inspirierst du andere, das Gleiche zu tun. Vielleicht erinnerst du dich an den Spruch: „Sei du selbst die Veränderung, die du dir für diese Welt wünschst." Dieses Zitat bringt es auf den Punkt.

Dein Online-Shop, beispielsweise, ist mehr als nur ein Geschäft. Es ist eine Verlängerung von dir und deinen Werten. Jedes Produkt, das du anbietest, jede Entscheidung, die du triffst, sollte ein Spiegelbild dessen sein, wofür du stehst. Wenn du vollkommen hinter deinem Shop stehst, werden das auch deine Kunden spüren. Sie werden nicht nur wegen deiner Produkte wiederkommen, sondern weil sie sich mit deinen Werten identifizieren können.

Ebenso wichtig wie die Authentizität ist die Konsistenz. Es reicht nicht aus, einmal eine gute Tat zu tun und dann wieder in alte Muster zu verfallen. Wahre Integrität zeigt sich darin, dass man Tag für Tag, Schritt für Schritt seinen Prinzipien treu bleibt. Das erfordert Disziplin und Ausdauer, aber die Belohnung in Form von Respekt und Vertrauen ist es wert.

Vielleicht kennst du jemanden in deinem Umfeld, der genau diese Art von Authentizität ausstrahlt. Jemanden, der fest in seinen Schuhen steht und genau weiß, wohin er will. Solche Menschen ziehen andere an wie ein Magnet. Sie dienen als Vorbilder, ohne es vielleicht selbst zu merken.

Das Tolle ist: Jeder kann so ein Mensch werden. Es erfordert Arbeit und Selbstreflexion, aber es ist möglich. Starte heute. Frage dich, was wirklich wichtig für dich ist. Und dann, Stück für Stück, beginne, danach zu leben. Sei das Vorbild, das du dir immer gewünscht hast. Zeige der Welt, wer du wirklich bist und ziehe Gleichgesinnte an. Das ist der Schlüssel zum Erfolg, nicht nur im Geschäft, sondern im gesamten Leben.

DAS FEUER DES SELBSTVERTRAUENS ENTFACHEN

Stelle dir vor, du stehst auf einem Berggipfel. Die Luft ist klar und frisch. Unter dir erstreckt sich eine atemberaubende Landschaft, und der Horizont scheint unendlich weit weg. Für einen Moment scheint alles möglich. Es ist dieser Glaube an dich selbst, der dir diese Kraft und Klarheit verleiht.

Viele von uns haben von klein auf gelernt, an sich zu zweifeln. Vielleicht waren es gut gemeinte Ratschläge, die uns davon abhalten sollten, zu hoch zu fliegen und zu tief zu fallen. Vielleicht war es die Angst vor Ablehnung oder Misserfolg. Doch tief in uns gibt es diese innere Stimme, die uns immer wieder sagt: „Du kannst das!" Es liegt an uns, dieser Stimme zu lauschen und ihr zu vertrauen.

Glaube an dich. Klingt einfach, oder? Doch dieses einfache Prinzip kann Berge versetzen. Wenn du an dich glaubst, spüren das die Menschen um dich herum. Sie werden sich von deinem Selbstvertrauen inspiriert fühlen und sich fragen, wie sie dieses Level an Zuversicht erreichen können.

Dieses Selbstvertrauen hat auch einen direkten Einfluss auf dein Geschäft. Denke an deinen Online-Shop und an das letzte Kapitel über Authentizität. Die Produkte, die du verkaufst, sind nicht nur Gegenstände – sie sind die Verkörperung deiner Vision. Und wenn du an diese Vision glaubst, wird sich das in jedem Aspekt deines Geschäfts widerspiegeln. Von der Produktpräsentation bis hin zum Kundenservice wird jeder spüren, dass du zu 100 % hinter dem stehst, was du tust.

Ein starkes Selbstvertrauen basiert auf dem Bewusstsein der eigenen Fähigkeiten und Stärken. Es geht nicht darum, arrogant oder überheblich zu sein. Es geht darum, sich seiner selbst sicher zu sein und zu wissen, dass man jeder Herausforderung gewachsen ist. Das bedeutet auch, sich seiner Schwächen bewusst zu sein und ständig daran zu arbeiten, sich weiterzuentwickeln.

Vielleicht erinnerst du dich an das Kapitel über die Macht der 3. Person und die Verbindung zu erfolgreichen Menschen. Wenn du an dich glaubst, werden auch erfolgreiche Menschen auf dich aufmerksam werden und sich mit dir vernetzen wollen. Dieser Kreislauf des Erfolgs zieht immer größere Kreise und erweitert ständig deinen Horizont.

Es gibt viele Wege, das eigene Selbstvertrauen zu stärken. Einige Menschen meditieren, andere treiben Sport oder setzen sich kleine Ziele, die sie Schritt für Schritt erreichen. Was auch immer dir hilft, finde es und mache es zu einem festen Bestandteil deines Lebens.

Doch Selbstvertrauen kommt nicht von ungefähr. Es wird aufgebaut, Schritt für Schritt, Tag für Tag. Jedes Mal, wenn du eine Herausforderung meisterst, wird dein Selbstvertrauen ein Stück stärker. Und mit jedem kleinen Sieg wirst du feststellen, dass der Glaube an dich selbst wächst.

In schwierigen Zeiten ist es dieses Selbstvertrauen, das dir die Kraft gibt, weiterzumachen. Es erinnert dich daran, dass du bereits so viele Hürden überwunden hast und dass du auch diese meistern wirst. Dein Online-Shop mag vielleicht nur ein kleiner Teil deines Lebens sein, aber er kann ein Symbol für deinen Glauben an dich selbst sein.

Schlussendlich ist es der unerschütterliche Glaube an dich selbst, der dich zu Höhenflügen anspornt. Du kannst Hindernisse überwinden, die du dir nie zugetraut hättest. Du kannst Träume verwirklichen, die früher unerreichbar schienen. Und das alles, weil du an dich, an dein Produkt und an deine Vision glaubst. So wird nicht nur dein Geschäft wachsen, sondern auch das Leben der Menschen um dich herum bereichert. Denn wie ein Funke kann dein Selbstvertrauen ein Feuer in anderen entzünden. Ein Feuer, das leuchtet, wärmt und den Weg in eine hellere Zukunft weist.

DAS FUNDAMENT INNERER STÄRKE UND WAHRER ÜBERLEGENHEIT

Jeder hat seine eigenen Momente der Schwäche. Aber auch in diesen Augenblicken besteht die Möglichkeit, das eigene Potenzial zu erkennen und weiterzuentwickeln. Das Geheimnis liegt in der Kunst, diese innere Überlegenheit und Stärke zu nutzen und zu kultivieren. Ein Leben im Network Marketing ist nicht immer leicht. Ablehnungen, Misserfolge und Rückschläge können entmutigend sein. Doch genau in diesen Momenten ist es essenziell, sich an das ursprüngliche Warum zu erinnern, das dich auf diesen Weg gebracht hat.

Die heutige Welt ist voller Ablenkungen und Herausforderungen. Jeden Tag werden wir mit neuen Informationen bombardiert und von neuen Trends verführt. Doch trotz all dieser Ablenkungen gibt es einen inneren Kompass, der uns leitet: unsere eigene Überlegenheit und Stärke. Das bedeutet nicht, dass man besser ist als andere. Es bedeutet vielmehr, dass man sich seiner eigenen Fähigkeiten und

Talente bewusst ist und bereit ist, daran zu arbeiten und diese zu verbessern.

Viele Menschen leben in der Illusion, dass Erfolg einfach und ohne Anstrengung zu erreichen ist. Doch in Wahrheit erfordert Erfolg Mut, Entschlossenheit und den Glauben an sich selbst. Nur wenn man sich seiner eigenen Stärken bewusst ist, kann man echten Erfolg erleben und sein volles Potenzial entfalten.

Die größten Hindernisse auf dem Weg zum Erfolg sind nicht die externen Faktoren, sondern unsere eigenen inneren Überzeugungen und Zweifel. Es ist leicht, den Glauben an sich selbst zu verlieren, wenn man von Rückschlägen getroffen wird. Doch gerade in diesen Momenten ist es wichtig, sich an seine eigenen Stärken und Fähigkeiten zu erinnern und diese zu nutzen, um weiterzumachen.

Network Marketing bietet eine unglaubliche Chance, nicht nur finanziellen Erfolg zu erreichen, sondern auch persönliches Wachstum und Entwicklung zu erleben. Doch um diese Chancen zu nutzen, muss man bereit sein, an sich selbst zu arbeiten und kontinuierlich zu lernen und zu wachsen.

Der Weg zum Erfolg ist nicht immer einfach, und es wird immer wieder Rückschläge geben. Doch mit der richtigen Einstellung, Entschlossenheit und dem Glauben an sich selbst kann man alle Hindernisse überwinden und seine Träume verwirklichen.

Also, statt auf die „blaue Wunderpille" zu warten, die alles verändert, sei proaktiv. Ergreife die Initiative, arbeite an dir selbst, entwickle deine Fähigkeiten und nutze deine Stärken. Wenn du das tust, wirst du nicht nur im Network Marketing erfolgreich sein, sondern in allen Bereichen deines Lebens.

Am Ende des Tages geht es nicht nur darum, erfolgreich zu sein, sondern auch darum, ein erfülltes und zufriedenes Leben zu führen. Und das kann nur erreicht werden, wenn man sich seiner eigenen Überlegenheit und Stärke bewusst ist und diese nutzt, um seine Träume zu verwirklichen.

Also, sei mutig, glaube an dich und verfolge deine Träume mit Leidenschaft und Entschlossenheit. Du hast das Zeug dazu, erfolgreich zu sein und ein Leben zu führen, das du dir immer gewünscht hast. Du musst nur den ersten Schritt machen und an dich glauben. Der Rest wird folgen.

DIE HERAUSFORDERUNG DER MOTIVATION IM NETWORKMARKETING

Im Networkmarketing begegnen wir einem Phänomen, das in vielen Teams zu beobachten ist: Ein signifikanter Anteil der Mitglieder scheint nicht wirklich motiviert zu sein. Dieses Problem wurzelt tief in der Natur des Networkmarketings selbst und den individuellen Beweggründen der Menschen, die sich dieser Branche anschließen. Um dieses Phänomen zu verstehen, müssen wir uns mit der grundlegenden Frage beschäftigen: Ist Networkmarketing wirklich die Idee der beteiligten Personen oder lediglich die Idee eines anderen?

Zunächst ist es wichtig zu erkennen, dass Networkmarketing oft als eine verlockende Gelegenheit präsentiert wird, die Versprechen von Freiheit, finanzieller Unabhängigkeit und der Möglichkeit, ein eigenes Geschäft zu führen, in sich trägt. Diese attraktiven Aussichten ziehen viele Menschen an, doch nicht alle sind sich der Realität und der erforderlichen Anstrengung bewusst, die hinter diesem Geschäftsmodell stehen. Viele treten dem Networkmarketing bei, weil sie von der Begeisterung und dem Erfolg anderer – oft ihrer Upline – inspiriert werden. Doch die Frage bleibt: Ist dies wirklich ihre eigene Idee oder lediglich die Übernahme der Idee eines anderen?

Die Antwort auf diese Frage hat weitreichende Auswirkungen auf die Motivation. Wenn jemand einem Networkmarketing-Unternehmen beitritt, weil er von der Vision und den Zielen eines anderen überzeugt wurde, ohne dass diese Werte und Visionen wirklich mit seinen eigenen übereinstimmen, entsteht ein fundamentales Problem. Die Motivation, die aus der Übernahme fremder Ideale entsteht, ist oft flüchtig. Sie kann anfänglich stark sein, verliert aber schnell an Kraft, wenn die Person mit den Herausforderungen und der Realität des Networkmarketings konfrontiert wird.

Ein weiterer Aspekt, der die Motivation beeinflusst, ist die Abhängigkeit von der Upline. Viele Networkmarketing-Modelle betonen die Bedeutung der Upline für den Erfolg. Während eine unterstützende Upline zweifellos wertvoll ist, kann eine zu starke Abhängigkeit von ihr dazu führen, dass die Mitglieder ihre eigene Vision und Selbstständigkeit verlieren. Sie werden zu bloßen Nachahmern, die die Schritte anderer replizieren, ohne eine tiefe persönliche Verbindung zu ihrer Tätigkeit zu entwickeln. Dies führt zu einer geringeren inneren Motivation und einem Mangel an echter Leidenschaft für das, was sie tun.

Die zentrale Frage für jeden im Networkmarketing lautet daher: „Will ich das wirklich? Ist es meine Idee oder die Idee eines anderen?" Diejenigen, die diese Frage mit einem überzeugten „Ja, es ist meine Idee" beantworten können, sind oft diejenigen, die langfristig motiviert bleiben und Erfolg haben. Sie sind es, die eine tiefe Verbindung zu ihrer Arbeit haben, die Herausforderungen als Gelegenheiten sehen und die Fähigkeit besitzen, andere mit ihrer authentischen Begeisterung anzustecken.

Um die Motivation in Networkmarketing-Teams zu steigern, ist es daher entscheidend, dass die Mitglieder ermutigt werden, ihre eigenen Ziele und Visionen zu entwickeln. Sie müssen die Möglichkeit haben, ihre persönlichen Gründe für ihre Beteiligung zu erkunden und zu verstehen, wie diese mit dem größeren Bild des Networkmarketings zusammenpassen. Dies erfordert eine Kultur, die Individualität und Selbstentdeckung fördert, anstatt nur die Nachahmung erfolgreicher Uplines.

Fazit ▸

Abschließend lässt sich sagen, dass die Herausforderung der Motivation im Networkmarketing tief verwurzelt ist in der Diskrepanz zwischen persönlichen Zielen und den übernommenen Zielen anderer. Die Lösung liegt in der Förderung von Selbstreflexion und Authentizität, damit jedes Teammitglied seine eigene, echte Verbindung zum Networkmarketing finden und pflegen kann. Nur so kann eine dauerhafte und tiefgreifende Motivation erreicht werden, die nicht nur dem Einzelnen, sondern dem gesamten Team zugutekommt.

ENTSCHEIDUNGEN TREFFEN UND SICH AUF DAS WESENTLICHE KONZENTRIEREN

Entscheidungen zu treffen ist eine fundamentale Fähigkeit, die dein Leben in jedem Aspekt beeinflusst. Eine klare Entscheidungsfähigkeit ermöglicht es dir, dich auf das Wesentliche zu konzentrieren und Filter für das zu setzen, was tatsächlich nützlich ist. Der erste Schritt in diesem Prozess ist die Konzentration auf Grundfertigkeiten. Diese bilden das Fundament für weiteres Lernen und Entwicklung. Es ist wichtig zu verstehen, dass du nicht sofort alles wissen oder können musst. Der Fokus sollte auf den Basisfähigkeiten liegen, die für den jeweiligen Bereich relevant sind.

Lernen durch TUN ist ein weiterer entscheidender Aspekt. Theoretisches Wissen ist wertvoll, aber praktische Erfahrungen sind unbezahlbar. Willst du beispielsweise lernen, mit Menschen zu sprechen, musst du tatsächlich mit Menschen sprechen. Ähnlich verhält es sich mit dem Präsentieren; du lernst es am besten, indem du präsentierst. Diese Herangehensweise hilft dir, die Basics zu erlernen und dann tiefer in das Thema einzusteigen.

Angst ist ein häufiger Begleiter beim Lernen und Wachsen. Doch es ist besser, Angst davor zu haben, nichts zu tun und stehen zu bleiben, als Angst vor dem Scheitern zu haben. Fehler sind Teil des Lernprozesses, und aus jedem Fehler kannst du wertvolle Lektionen ziehen. Der ewige Kreislauf von Planen, Machen, Prüfen und erneutem Planen (Try and Error) ist ein wesentlicher Bestandteil des Lernprozesses.

Alle Erfahrungen, die du machst, sind wertvoll. Es gibt keine guten oder schlechten Erfahrungen. Jede einzelne Erfahrung trägt zu deinem Wissen und deiner Entwicklung bei. Wenn du anfängst, dein Wissen an deine Partner oder Kollegen weiterzugeben, wirst du feststellen, dass Selbstlehren eine der besten Arten zu lernen ist.

Dein Umfeld spielt eine entscheidende Rolle in deiner Entwicklung. Du bist der Durchschnitt deiner fünf engsten Personen oder Freunde. Dies ist ein reales Gesetz, das oft unterschätzt wird. Es ist wichtig, dich von negativen Personen, die deine Träume blockieren, zu trennen und wählerisch bei neuen Verbindungen zu sein. Frage dich, wer dich bereichert und antreibt. Erlaube dir, groß zu träumen und gib dir Zeit. Networking ist keine Glückssache, sondern erfordert Ausdauer und harte Arbeit.

Du bist wie ein Stein, der ins Wasser fällt. Die positive Wirkung daraus zieht Kreis um Kreis. Du bist die Ursache für die Veränderungen in deinem Leben. Durch diesen Prozess lernst du erstaunliche, leidenschaftliche Menschen, Helden und Mentoren kennen. Der offensichtliche Beruf ist vielleicht das Bewegen von Waren, aber in der Tiefe geht es um persönliches Wachstum. Du lernst, dich deinen Ängsten zu stellen, Probleme zu lösen, deinen Geist positiv zu füttern und zu führen. Dies alles bildet deine persönliche Stärke.

Durch deine persönliche Entwicklung kommst du deinen Zielen näher. Es lohnt sich, auch wenn es manchmal auf und ab geht. Deine Entwicklung zeigt sich nicht nur beim Einkommen, sondern auch in deiner Persönlichkeit, deinen Fertigkeiten und deinem Wissen. Das Verhältnis zwischen Wissen und Einkommen ist extrem gut. Zum Beispiel studiert ein Arzt viele Jahre für gutes Geld. Das Ergebnis ist Freiheit, egal wie du Freiheit definierst. Alles ist möglich.

DIE DREI MENSCHTYPEN

Nachdem du nun bei deiner Firma angedockt bist, geht es los. Allerdings hat es bei mir am Anfang nicht so gut funktioniert. Deshalb hier eine wichtige Lektion:

Es gibt Momente, in denen ich mich fasziniert und zugleich verwundert frage, warum ich scheinbar der Einzige bin, der die wahre Möglichkeit und Chance finanziell frei zu werden nicht nur erkennt, sondern auch mit Begeisterung ergreift. Es ist erstaunlich, wie oft ich mich in Gesprächen mit Menschen wiederfinde, die mir ihre Geschichten anvertrauen und dabei offensichtlich Veränderungen in ihrem Leben suchen. Doch trotz all ihrer Sehnsüchte und Wünsche scheinen sie nicht den entscheidenden Schritt zu gehen, um ihre Träume in die Realität umzuwandeln. Warum ist das so?

Über die Jahre hinweg habe ich mich intensiv mit diesem Phänomen auseinandergesetzt und bin zu einer bemerkenswerten Erkenntnis gelangt: Es existieren drei unterschiedliche Arten von Menschen, wenn es um Veränderung geht. Da ist zunächst der erste Typ, der zwar ein Problem hat, dies jedoch selbst nicht wahrhaben möchte und keinerlei Ambitionen verspürt, etwas daran zu ändern. Es ist, als würden sie sich in einem Zustand der Verleugnung befinden und sich beharrlich weigern, die Realität anzuerkennen.

Dann haben wir den zweiten Typ, der sich seiner Probleme durchaus bewusst ist und sogar behauptet, dass er diese ändern möchte. Doch wenn es darauf ankommt, verharrt er letztendlich in einem Zustand der Passivität. Die Angst vor möglichen Rückschlägen oder einer Verschlechterung hält ihn davon ab, den Mut aufzubringen und die nötigen Schritte zu unternehmen, um sein Leben zum Besseren zu wenden.

Und schließlich, als leuchtendes Beispiel, den dritten Typus. Diese Menschen sind die Inspiration, denn sie erkennen ihre Probleme, hegen einen tiefen Wunsch nach Veränderung und setzen tatsächlich die notwendigen Schritte in die Tat um. Sie sind bereit, Herausforderungen anzunehmen und unbeirrt für ihr Ziel zu kämpfen.

Ihre Entschlossenheit ist bewundernswert und macht sie zu wahren Vorreitern in Sachen Selbstverbesserung und Erfolg.

In der Vergangenheit habe ich mich überwiegend damit beschäftigt, Menschen aus den ersten beiden Typen zu unterstützen, ihnen zu helfen und ihnen Lösungen anzubieten. Doch bald musste ich feststellen, dass dies ein unerschöpflicher Kraftakt war, der mich fast ausgebrannt hätte. Die Frustration, auf taube Ohren zu stoßen oder das Gefühl zu haben, dass meine Bemühungen vergebens sind, nagte an meiner Motivation.

Es war ein Wendepunkt in meinem Leben, als ich beschloss, mich ausschließlich auf den dritten Typus von Menschen zu fokussieren. Diese Entscheidung veränderte alles. Plötzlich fühlte ich, wie sich eine neue Energie in mir breitmachte, eine Energie der Inspiration und des Enthusiasmus. Der Austausch mit denjenigen, die wirklich bereit sind, ihr Leben zu verbessern und die notwendigen Schritte zu gehen, wurde zu einer Quelle der Freude und des Wachstums für mich.

Heute kann ich mit Überzeugung sagen, dass ich meine wahre Berufung gefunden habe. Als Unterstützer und Mentor derjenigen, die aktiv nach Veränderung streben, fühle ich mich erfüllt und lebendig. Jeder Schritt, den sie setzen, ist für mich ein Grund zum Feiern. Ich habe gelernt, dass mein Fokus auf die positiven Kräfte im Leben, auf diejenigen, die sich selbst und ihr Potenzial erkennen, mich selbst zu einem glücklicheren und erfüllteren Menschen macht.

In der Welt des Empfehlungsmarketings sehe ich nicht nur eine Gelegenheit, sondern eine unendliche Quelle der Inspiration. Jedes Gespräch, jede Begegnung mit einem Menschen, der den Mut hat, sein Leben zu verändern, erinnert mich daran, dass wir alle die Fähigkeit besitzen, unser Schicksal in die Hand zu nehmen und Großartiges zu erreichen.

Wenn ich zurückblicke, bin ich dankbar für die Lektionen, die mir das Leben gelehrt hat. Die Erkenntnis, dass es verschiedene Arten von Menschen gibt und dass es klug ist, seine Energie auf diejenigen zu

richten, die aktiv nach Veränderung streben, hat mein Dasein auf eine Weise bereichert, die ich mir nie hätte vorstellen können.

Jetzt, da du die drei Persönlichkeitstypen kennengelernt und verstanden hast, wie man sie erkennt, stellt sich natürlich zuallererst die Frage: Zu welchem Typ zählst du dich? Bitte sei hier 100 % ehrlich und realistisch.

Welscher Typ bist du? Schreibe es hier auf:

Fazit ▸

Du wirst erkennen, dass Menschen unterschiedlich auf Veränderungen reagieren: Einige leugnen ihre Probleme, andere erkennen sie, bleiben aber passiv, während eine dritte Gruppe ihre Herausforderungen aktiv angeht. Dein Fokus sollte auf dieser dritten Gruppe liegen, denn ihr Engagement und ihre Bereitschaft zur Veränderung führen zu echtem Fortschritt und persönlicher Erfüllung.

Fast am Ende dieses Buches möchte ich noch eine Geschichte erzählen von Emma und wie sie es gemacht hat. Vielleicht hilft es dir. Ziehe dir einfach die Passagen raus, die dich am meisten ansprechen.

GIB ANDEREN MENSCHEN ZUGANG: DAS GEHEIMNIS DES EMPFEHLENS

An einem sonnigen Samstagmorgen saß Emma auf ihrer Terrasse, umgeben von grünen Pflanzen und dem sanften Plätschern ihres kleinen Teiches. In ihrer Hand hielt sie eine Tasse Kräutertee, der aus einer speziellen Mischung von Naturprodukten bestand, die sie kürzlich durch Empfehlung einer Freundin in einem Online-Shop entdeckt hatte. Aber es war nicht nur das gesunde Superfood, das ihr Interesse geweckt hatte. Es war die bahnbrechende Möglichkeit, durch den Online-Shop finanzielle Freiheit zu erlangen.

Dieser Online-Shop bot nicht nur eine Auswahl an hochwertigen Naturprodukten an, von denen Emma begeistert war. Er bot auch ein einzigartiges Empfehlungsprogramm, mit dem jeder ohne jegliche Investition Geld verdienen konnte. Und das Beste daran? Die Einnahmen kamen kontinuierlich und ohne großen Aufwand. Für Emma war es der erste Schritt in Richtung finanzieller Freiheit.

Begeistert von den Produkten und den Möglichkeiten, die der Shop bot, beschloss Emma, ihre Entdeckung mit anderen zu teilen. Anstatt dies jedoch nur online zu tun, hatte sie eine bessere Idee: Sie würde eine gemütliche Zusammenkunft bei sich zu Hause organisieren und ihre Freunde, Familie und Arbeitskollegen einladen.

Der Abend kam, und ihr Wohnzimmer füllte sich schnell mit neugierigen Gästen. Überall waren Proben der Naturprodukte verteilt: von Tees über Hautpflegeprodukte bis hin zu Nahrungsergänzungsmitteln. Jeder Gast konnte die Produkte ausprobieren, fühlen und riechen.

Nachdem alle Gäste ihre Getränke in den Händen hielten und in kleinen Gruppen plauderten, bat Emma um ihre Aufmerksamkeit. Sie sprach von ihrer Entdeckung, den Vorteilen natürlicher Produkte und insbesondere von der Chance, durch diesen Online-Shop finanzielle Unabhängigkeit zu erlangen.

Ihre Botschaft war klar und einfach: Jeder konnte Teil dieses Netzwerks werden. Man konnte Geld verdienen, indem man Produkte weiterempfahl und andere über den Shop informierte, und das alles ohne große

Vorabinvestition. Die einzige Bedingung war, in dem eigenen Shop einzukaufen, ohne extra Geld auszugeben. Es ging um Produkte, die man normalerweise auch in anderen Geschäften oder im Einzelhandel kaufen würde, nun aber im eigenen Online-Shop. Jeder kaufte das, was er sonst im Einzelhandel erwarb, nur jetzt in besserer Qualität und über seinen eigenen Shop. Als Gegenleistung erhielt man das Produkt und dazu einen vollständig eingerichteten Online-Shop. Es war so, als würde man Freunden von einem guten Buch oder einem Lieblingsrestaurant erzählen – nur mit dem zusätzlichen Vorteil, dafür belohnt zu werden.

Die Reaktion ihrer Gäste war überwältigend positiv. Viele waren nicht nur von den Produkten beeindruckt, sondern auch von der Idee, ein zusätzliches Einkommen zu generieren, indem sie etwas empfehlen, an das sie glaubten und selbst benutzten.

Während ihre Gäste den Heimweg antraten, fühlte sich Emma erfüllt. Sie hatte nicht nur eine neue Einkommensquelle erschlossen, sondern auch eine Gemeinschaft gefunden, in der alle den Wunsch nach finanzieller Freiheit und einem gesünderen Leben durch Naturprodukte teilten.

In den folgenden Wochen und Monaten wuchs Emmas Netzwerk. Immer mehr Menschen traten dem Shop bei, nicht nur als Kunden, sondern auch als Empfehler. Es schuf eine Gemeinschaft von Menschen, die sich gegenseitig unterstützten und gemeinsam auf dem Weg zur finanziellen Freiheit waren.

Emma erlebte eine entscheidende Veränderung. Durch diese Gelegenheit konnte sie nicht nur ein zusätzliches Einkommen generieren, welches ihr mehr Freiheit und Unabhängigkeit verschaffte, sondern sie wurde auch Teil einer Bewegung, die vielen Menschen Positives brachte.

Sie begriff, dass ein persönlicher Kontakt und das Vertrauen in Empfehlungen von unschätzbarem Wert sind. Indem sie anderen diesen Zugang ermöglichte, beeinflusste sie nicht nur ihr eigenes Schicksal, sondern auch das vieler anderer.

ZEIGE ANDEREN, WIE SIE DEN ONLINE-SHOP NUTZEN KÖNNEN: EIN WORKSHOP ZUR ENTMYSTIFIZIERUNG DES ONLINE-SHOPS

Emma erkannte, dass trotz der zahlreichen Vorzüge ihres Online-Shops und einer bereits bestehenden Nutzerbasis, einige Personen noch zögerten oder sich unsicher fühlten. Sie verstand, dass ein schriftliches Tutorial allein nicht genügte, um diese Bedenken zu zerstreuen. Stattdessen sah sie die Notwendigkeit, den Menschen durch praktische Erfahrungen zu helfen, ihre Ängste zu überwinden und sich mit der Technologie vertraut zu machen. Emma sah darin eine Chance, nicht nur ein Geschäft zu führen, sondern auch eine unterstützende Gemeinschaft aufzubauen, in der jeder ermutigt wird, neue Fähigkeiten zu erlernen und sein volles Potenzial zu entfalten.

Daher kam Emma auf die Idee, einen Workshop zu organisieren. Dies wäre nicht nur eine Präsentation, sondern eine interaktive Sitzung, bei dem sie jedem Teilnehmer zeigte, wie der Shop funktionierte und wie man damit Geld verdienen konnte und jeder konnte seine Fragen stellen. Emma plante, sowohl theoretische Anleitungen als auch praktische Übungen zu kombinieren.

Für die Vorbereitung mietete Emma einen kleinen Seminarraum in ihrer Gemeinde, der mit einem Projektor und einem großen Bildschirm ausgestattet war. Alternativ überlegte sie, es nochmal bei ihr zu Hause zu machen. Aber da sich so viele angemeldet hatten, entschied sich Emma es im Seminarraum zu machen. Sie erstellte eine Präsentation, die den gesamten Bestellprozess von Anfang bis Ende darstellte und legte besonderen Wert darauf, die häufigsten Problembereiche hervorzuheben.

Am Tag des Workshops war die Zahl der Anwesenden und das Interesse weit größer als angenommen. Bei der Ankunft wurde jeder von Emma herzlich mit einem Lächeln und einer Tasse Tee des speziellen Kräutertees, den sie beim letzten Mal angeboten hatte, begrüßt.

Sie leitete die Veranstaltung mit einer kurzen Einführung in den Online-Shop ein und hob die Vorteile des Online-Shoppings hervor.

Anschließend präsentierte sie den gesamten Bestellablauf – von der Erstellung eines Kontos über die Auswahl von Produkten, das Hinzufügen dieser zum Warenkorb bis zum endgültigen Kaufabschluss.

Jede Etappe wurde durch klare Screenshots und präzise Anweisungen illustriert. Emma demonstrierte, wie man gezielt nach Produkten sucht, Produktbewertungen durchliest und Empfehlungscodes einsetzt. Dies ermöglichte den Teilnehmern, in kurzer Zeit eigene Filialen zu eröffnen und damit Einnahmen zu generieren.

Nach der theoretischen Einführung war es Zeit für den praktischen Teil. Die Teilnehmer wurden ermutigt, ihre mitgebrachten Laptops oder Tablets zu nehmen und den Bestellprozess selbst durchzugehen. Emma zirkulierte im Raum, half, beantwortete Fragen und gab Tipps.

Es war bemerkenswert zu sehen, wie die anfängliche Unsicherheit vieler Teilnehmer einer wachsenden Begeisterung wich. Selbst Tante Margot, die zugegeben hatte, noch nie online eingekauft zu haben, fand sich bald zurecht und fügte Produkte zu ihrem Warenkorb hinzu.

Feedback-Runde

Am Ende des Workshops hielt Emma eine Feedback-Runde ab. Die Teilnehmer konnten ihre Erfahrungen teilen, Fragen stellen und Vorschläge für zukünftige Workshops machen. Das Feedback war überwältigend positiv. Viele waren dankbar für die Gelegenheit, in einer unterstützenden Umgebung zu lernen und ihre Ängste zu überwinden.

Abschließende Gedanken

Als der Tag zu Ende ging, fühlte sich Emma erschöpft, aber überglücklich. Sie hatte nicht nur die Technik des Online-Shoppings demystifiziert, sondern auch das Selbstvertrauen vieler ihrer Bekannten gestärkt. Sie war überzeugt, dass viele von ihnen nun regelmäßige Kunden des Shops werden würden und vielleicht sogar ihre eigenen Workshops veranstalten würden, um ihr Wissen weiterzugeben.

DAS ZEITALTER DIGITALER FILIALEN: ZEIGE ANDEREN, WIE SIE EIGENE FILIALEN ERÖFFNEN KÖNNEN

Als Emma ihren Online-Shop startete, hätte sie nie gedacht, dass sie anderen auf ihrem Weg zur digitalen Unternehmerschaft helfen würde. Dies wurde jedoch bald Wirklichkeit. Nachdem sie Freunden und Familie von ihren Erfolgen berichtet hatte, wollten alle mehr erfahren.

Ein Funken Interesse

Emma saß mit ihrer Freundin Julia bei einer Tasse Kaffee im Garten. Julia, stets auf der Suche nach neuen Geschäftschancen, war besonders interessiert und fragte: „Wie hast du das geschafft?" Emmas Augen glänzten, als sie erwiderte: „Es ist einfacher, als du denkst", und ihren Laptop holte, um Julia durch den Prozess zu führen.

Schritt-für-Schritt: Der Weg zum eigenen Shop

1. **Ein Klick zum Beginn:** Emma erklärte, dass das Eröffnen eines Online-Shops nur einen Klick erfordert. Sie demonstrierte dies auf der Unternehmenswebseite.

2. **Die Grundvoraussetzung:** Nachdem Julia ihren Shop eröffnet hatte, betonte Emma die Notwendigkeit, in ihrem eigenen Shop einzukaufen, um die Produkte kennenzulernen, eine Anforderung des Unternehmens, um sicherzustellen, dass Shopbesitzer ihre Produkte schätzen.

3. **Produktauswahl:** Emma zeigte Julia, wie sie Produkte für ihren Shop auswählt, von Naturprodukten bis hin zu hochwertigen Pflegeartikeln und Artikeln für die Hausapotheke.

4. **Kundenbindung:** Emma erklärte, dass es beim Verkauf nicht nur um Produkte, sondern um den Aufbau von Beziehungen zu Kunden geht, wobei Ehrlichkeit und Transparenz wichtig sind.

Ein Netzwerk der Unterstützung

Was als einfaches Gespräch begann, entwickelte sich zu einem Netzwerk von Online-Shop-Besitzern, die Tipps austauschten und Erfolge feierten. Julia wurde schnell eine Top-Verdienerin, ihre Leidenschaft für Naturprodukte prägte ihr Geschäft und sie baute eine treue Kundenbasis auf.

Fazit ▸

Emma hätte nie erwartet, dass ihre Reise so viele andere inspirieren würde. Indem sie ihr Wissen teilte, half sie nicht nur anderen, ihre Träume zu verwirklichen, sondern schuf auch eine Gemeinschaft von Unternehmern, die sich gegenseitig unterstützten und ermutigten. Der Erfolg eines Online-Shops mag mit einem Klick beginnen, aber der wahre Erfolg liegt in der Leidenschaft, dem Engagement und der Unterstützung auf diesem Weg. Emma war stolz, Teil dieser Reise für viele zu sein.

KONTAKTMÖGLICHKEITEN

1. **Networking-Veranstaltungen:** Teilnahme an beruflichen Veranstaltungen, Konferenzen, Seminaren und Messen, um potenzielle Kontakte aus deiner Branche zu treffen.

2. **Soziale Medien:** Nutze Plattformen wie LinkedIn, Xing oder andere berufliche Netzwerke, um mit Fachleuten in Verbindung zu treten, Gruppen beizutreten und Diskussionen beizutreten.

3. **Alumni-Netzwerke:** Schließe dich Alumni-Netzwerken deiner Schule, Universität oder deines früheren Arbeitgebers an, um Kontakte mit Menschen zu knüpfen, die ähnliche Bildungs- oder Karrierewege gegangen sind.

4. **Berufsverbände:** Werde Mitglied in berufsbezogenen Verbänden oder Vereinigungen, um mit Gleichgesinnten in Kontakt zu treten und von Weiterbildungs- und Networking-Möglichkeiten zu profitieren.

5. **Freiwilligenarbeit:** Engagiere dich ehrenamtlich in Organisationen oder Projekten, die deinen Interessen und Fähigkeiten entsprechen. Dies bietet die Möglichkeit, Gleichgesinnte zu treffen und gleichzeitig Gutes zu tun.

6. **Arbeitsplatz:** Nutze die Kontakte, die du bereits in deinem beruflichen Umfeld hast. Kollegen, Vorgesetzte und Geschäftspartner können wertvolle Beziehungen sein.

7. **Gemeinsame Hobbys und Interessen:** Beteilige dich an Aktivitäten und Gruppen, die deine persönlichen Interessen widerspiegeln. Hier kannst du Gleichgesinnte treffen, die möglicherweise auch beruflich relevant sein könnten.

8. **Empfehlungen von bestehenden Kontakten:** Bitte bestehende Kontakte um Empfehlungen oder Einführungen zu Personen, die in deinem Interessengebiet tätig sind.

9. **Weiterbildung:** Besuche Schulungen, Workshops oder Fortbildungen, um dein Wissen zu erweitern und gleichzeitig neue Kontakte zu knüpfen.

10. **Online-Plattformen und Foren:** Beteilige dich an Online-Diskussionen, Foren oder Gruppen, die sich auf deine beruflichen Interessen beziehen. Dies kann eine Möglichkeit sein, Fachleute aus aller Welt kennenzulernen.

Denke daran, dass der Aufbau von Kontakten Zeit und Geduld erfordert. Es ist wichtig, authentische Beziehungen zu entwickeln und nicht nur nach beruflichen Vorteilen zu suchen. Pflege die Kontakte, die du knüpfst, und biete auch anderen deine Unterstützung an, wenn sie sie benötigen. Networking ist eine langfristige Investition in deine berufliche Zukunft.

DAS LETZTE KAPITEL DIE ZWEI DENKWEISEN – UNTERLASSER UND UNTERNEHMER

Du stehst nun am Scheideweg dieses Buches, an einem Punkt, der nicht nur den Abschluss einer Reise markiert, sondern auch den Beginn eines neuen Verständnisses. In den folgenden letzten Kapiteln werden wir uns mit zwei fundamentalen Denkweisen auseinandersetzen, die in der Welt des Unternehmertums vorherrschen: die Denkweise der Unterlasser und die der Unternehmer. Diese Kapitel sollen nicht nur aufklären, sondern auch inspirieren. Vielleicht erkennst du dich in einer dieser Denkweisen wieder.

Die Denkweise der Unterlasser

Die Welt durch deine Augen als Unterlasser

Als Unterlasser siehst du die Welt als einen Ort voller Risiken und Unwägbarkeiten. Deine Gedanken kreisen um das „Was wäre, wenn" und selten um das „Was könnte sein". Du bevorzugst Sicherheit über Wachstum und Beständigkeit über Veränderung.

Merkmale deiner Denkweise als Unterlasser

1. **Angst vor dem Scheitern:** Dein größtes Hindernis ist die Angst, zu scheitern. Diese Angst lähmt dich und hält dich davon ab, Chancen zu ergreifen.

2. **Zögern und Aufschieben:** Du neigst dazu, Entscheidungen aufzuschieben. Du wartest auf den „perfekten Moment", der jedoch selten kommt.

3. **Fokus auf Hindernisse:** Statt Möglichkeiten zu sehen, konzentrierst du dich auf die Hindernisse und Schwierigkeiten.

Die Folgen deiner Unterlasser-Denkweise

Diese Denkweise führt oft zu einem Leben in der Komfortzone, ohne wesentliche Fortschritte oder Erfüllung. Du verpasst häufig Gelegenheiten, die dein Leben bereichern könnten.

Die Denkweise der Unternehmer

Die Welt durch deine Augen als Unternehmer

Im Gegensatz zu den Unterlassern siehst du, der Unternehmer, die Welt als einen Spielplatz voller Möglichkeiten. Du bist getrieben von der Vision, etwas zu schaffen und zu verändern. Dein Fokus liegt auf dem Potenzial und nicht auf den Risiken.

Merkmale deiner Denkweise als Unternehmer

1. **Akzeptanz des Scheiterns:** Du verstehst, dass Scheitern ein Teil des Wachstumsprozesses ist. Du lernst aus Fehlern und gehst gestärkt daraus hervor.

2. **Entschlossenheit und Handlungsbereitschaft:** Du wartest nicht auf den perfekten Moment, sondern ergreifst die Initiative und handelst.

3. **Fokus auf Lösungen und Chancen:** Du konzentrierst dich auf das, was möglich ist, und suchst aktiv nach Lösungen für Herausforderungen.

Die Kraft deiner Unternehmer-Denkweise

Diese Denkweise ermöglicht es dir, Grenzen zu überschreiten, Neues zu schaffen und persönliches sowie berufliches Wachstum zu erleben. Unternehmer sind oft diejenigen, die Veränderungen in der Welt bewirken.

Abschluss ▶

Während du diese Zeilen liest, frage ich dich: In welcher dieser Denkweisen findest du dich wieder? Bist du ein Unterlasser, der noch zögert, oder ein Unternehmer, der bereit ist, die Welt zu erobern? Unabhängig von deiner Antwort liegt die wahre Kraft in der Erkenntnis und der Bereitschaft, sich weiterzuentwickeln. Lass uns gemeinsam diesen Weg der Transformation beschreiten.

Schreibe es gleich hier auf. Zu wem gehörst du und warum:

Und als Letztes möchte ich noch ein Zitat aus einem Film wiedergeben:

„Mit den Zügen ist das so: Wichtig ist nicht, wo er hinfährt, wichtig ist die Entscheidung einzusteigen."

DANKSAGUNG

Ich nutze diese Gelegenheit, um meinen Dank an all jene auszusprechen, die an mich glauben. Eure Unterstützung, euer Mutzuspruch und das Vertrauen, das ihr in mich setzt, bedeuten mir sehr viel.

Ein besonderer Dank gehört den Menschen, die stets an meiner Seite sind und mich in jeder Situation unterstützen. Eure Ermutigungen und eure Zuverlässigkeit verleihen mir die nötige Stärke, um weiterzumachen.

Ebenso danke ich denjenigen, die ihr Wissen großzügig mit mir teilen. Ohne eure Hilfe und Unterstützung wäre meine Position undenkbar. Ihr fördert mich, inspiriert mich und helft mir, mein Wissensspektrum zu erweitern.

Ein herzlicher Dank geht auch an meine Familie, die konstant an meiner Seite steht. Eure Liebe und Unterstützung begleiten mich in sämtlichen Herausforderungen. Ich erkenne den großen Einsatz, den ihr in meine Entwicklung steckt, und schätze dies zutiefst.

Selbst denen, die nicht an mich glauben, danke ich. Eure Skepsis und Herausforderungen tragen zu meiner persönlichen Entwicklung bei. Eure Zweifel spornen mich an, meine Fähigkeiten zu beweisen und mein Potenzial voll auszuschöpfen.

In der Summe bin ich außerordentlich dankbar für all die Menschen in meinem Leben, die mich unterstützen, unterrichten und herausfordern. Durch eure Unterstützung stehe ich hier, gestärkt und selbstbewusst wie nie zuvor. Danke, dass ihr an mich glaubt.

Mit herzlichen Grüßen,
Arno Schikowsky

ÜBER DEN AUTOR

Arno Schikowsky ist ein vielseitiger und erfahrener Autor, der sich in verschiedenen Bereichen einen Namen gemacht hat. Mit über 11 Jahren Erfahrung im Networkmarketing hat er sich als einflussreiche Persönlichkeit in diesem Sektor etabliert. Seine Leidenschaft für das Networkmarketing spiegelt sich in seiner Arbeit und seinen Vorträgen wider.

Vor seiner Karriere im Networkmarketing war Arno 15 Jahre lang als Leistungssportler aktiv, eine Erfahrung, die zweifellos seine Disziplin und Hingabe geprägt hat. Diese Eigenschaften übertrug er auch auf seine berufliche Laufbahn, insbesondere in den 35 Jahren, in denen er seine eigenen Firmen führte. Diese umfangreiche Erfahrung in der Geschäftswelt hat ihm wertvolle Einblicke und Kenntnisse vermittelt, die er in seinen Büchern und Seminaren teilt.

Als Autor hat Arno Schikowsky mehrere Bücher verfasst, darunter den Bestseller „Die 21-Tage Stoffwechselkur“. Dieses Buch hat vielen Menschen geholfen, ihre Gesundheit und ihr Wohlbefinden zu verbessern, und zeigt Schikowskys Engagement für Themen rund um Gesundheit und Fitness.

Neben seiner schriftstellerischen Tätigkeit ist Arno auch als Referent und Coach tätig. In diesen Rollen teilt er sein umfangreiches Wissen und seine Erfahrungen, um andere zu inspirieren und anzuleiten. Seine Vorträge und Coachings sind für ihre Praxisnähe und Anwendbarkeit bekannt.

Persönlich ist Arno Schikowsky ein begeisterter Motorradfahrer, eine Leidenschaft, die seine Liebe zum Abenteuer und zur Freiheit widerspiegelt. Diese Seite seiner Persönlichkeit bringt eine weitere Dimension in sein vielfältiges Profil.

Insgesamt ist Arno Schikowsky eine inspirierende Persönlichkeit, die in verschiedenen Bereichen Erfolge erzielt hat. Seine vielfältigen Interessen und sein breites Wissen machen ihn zu einem gefragten Autor, Redner und Coach.

Die 21-Tage Stoffwechselkur
– Das Original –
› Deutsch
› Englisch (GB, USA)
› Französisch
› Italienisch
› Spanisch
› Bulgarisch
Auch als E-Book erhältlich
NEU die vegetarische Stoffwechselkur
Rezeptebuch für die Zeit Danach
Die 21-Tage Stoffwechselkur
– Das Original –

Printed in Poland
by Amazon Fulfillment
Poland Sp. z o.o., Wrocław